지혜와 덕으로
삼국 통일을 이끈
여왕

역사 공부가 되는 위인전 02 선덕 여왕
지혜와 덕으로 삼국 통일을 이끈 여왕

초판 1쇄 발행 2008년 8월 29일
초판 13쇄 발행 2021년 2월 27일

글쓴이 | 강숙인
그린이 | 권정선
펴낸이 | 김사라
펴낸곳 | 해와나무
출판 등록 | 2004년 2월 14일 제312-2004-000006호
주소 | 서울특별시 영등포구 양산로23길 17 2층
전화 | (02)364-7675(내용), 362-7675(구입)
팩스 | (02)312-7675
ISBN 978-89-6268-008-9 74910
　　　978-89-91146-01-3(세트)

ⓒ 강숙인 2008

• 값은 뒤표지에 있습니다.
• 책 내용의 일부 또는 전부를 인용하거나 발췌하려면 반드시 저작권자와 출판사 양측의서면 동의를 구해야 합니다.

제조자명:해와나무 제조국명:대한민국 제조년월:2021년 2월 27일 대상 연령:8세 이상
전화번호:02-362-7675 주소:서울특별시 영등포구 양산로23길 17 2층
*KC마크는 이 제품이 공통안전기준에 적합하였음을 의미합니다.

지혜와 덕으로 삼국 통일을 이끈 여왕

글 강숙인 | 그림 권정선

해와나무

삼국 통일의 기틀을 마련한 지혜의 여왕, 선덕 여왕

예전에 나는 선덕 여왕이 막연하게 젊고 아름다운 여왕일 거라고 상상했습니다. 그러다 작품을 쓰려고 선덕 여왕에 대한 기록을 꼼꼼히 찾아 읽은 다음에야 비로소 선덕 여왕이 쉰을 넘은 나이에 임금 자리에 올랐다는 것을 알게 되었습니다.

내 머릿속에는 젊고 아름다운 여왕 대신 세상 모든 것을 품어 줄 수 있을 것 같은 넉넉하고 푸근한 여왕의 모습이 떠올랐습니다. 어쩌면 그렇게 나이가 들어 임금의 자리에 올랐기에, 여왕의 지혜는 더욱 빛날 수 있었고, 마침내는 삼국 통일의 기틀을 마련할 수 있었는지도 모릅니다.

우리나라 최초의 여왕인 선덕 여왕은 준비된 여왕이었습니다. 선덕 여왕의 아버지 진평왕은 54년 동안 임금 자리에 있었습니다. 선덕 여왕은 그 오랜 세월 동안 아버지 진평왕을 곁에서 지켜보면서 나라를 다스리는 일에 대해 익히고 또 익혔을 것입니다. 선덕 여왕이 역대 어느 왕 못지않은 지도력을 발휘할 수 있었던 것도 타고난 총명함에다 오랜 세월 임금으로서의 자질을 갈고 닦았기 때문일 것입니다.

아마도 선덕 여왕은 첫 여성 임금이라는 부담감 때문에 남모르는 노력을 더 기울였을지도 모릅니다. 그런 노력 덕분에 선덕 여왕의 타고난 총명함은 지혜로 무르익어 김유신과 김춘추 같은 인재를 과감하게 등용할 수 있었을 테고, 끊임없는 백제의 침공 속에서도 나라를 온전히 지켜 낼 수 있었을 것입니다.

21세기는 여성의 지도력이 필요한 시대라고 합니다. 힘과 투쟁만을 일삼는 남성적 지도력 대신 포용하고 화합하는 여성적 지도력은 전쟁과 반목과 불화로 시끄러운 세상에 평화와 번영을 가져올 수 있기 때문입니다.

우리나라는 역사에 여왕을 가졌던 몇 안 되는 나라입니다. 그것은 그만큼 우리나라가 번영하고 발전할 수 있는 가능성을 가진 나라라는 뜻이기도 합니다.

나는 이 글을 읽는 어린 친구들이 선덕 여왕의 삶을 통해 여성적 지도력의 의미에 대해 생각해 보기를 바랍니다. 그리고 그 생각이 훗날, 화합과 포용과 지혜의 이름으로 꽃피게 되기를 희망해 봅니다.

2008년 뜨거운 여름을 보내면서

강숙인

차례

공주의 꿈	9
미래의 신하를 얻다	32
여왕의 예지력	60
백제의 끊임없는 침공	71
강한 신라를 꿈꾸며	104
도리천으로 간 여왕	126
그 뒤의 이야기	146

책속의 책 펼쳐라! 생각그물

- **선덕 여왕 자세히 알기** 강한 신라를 만든 지혜로운 왕, 선덕 여왕의 강점은?
- **역사 지식 꼼꼼 보기** 화랑 제도와 역사 속의 화랑
- **역사 지식 돋보기** 신라 시대 여성의 지위는?
- **한 걸음 더 역사 따라가기** 선덕 여왕의 자취를 따라가는 경주 여행
- **숨겨진 이야기 천기누설** 선덕 여왕을 사랑한 지귀 이야기

황룡사 터

공주의 꿈

궁궐 뜰에서

궁궐 뜰 화단에 봄꽃이 활짝 피어났다. 신라 땅 어디서나 볼 수 있는 정겨운 꽃들은 물론이고 수나라에서 꽃씨를 얻어 와 심은 희귀한 꽃들까지 모두 꽃망울을 터뜨려 저마다 화사하고 고운 자태를 뽐내고 있었다.

동생 천명과 뜰을 거닐던 덕만 공주는 화단 앞에 멈추어 섰다. 그러고는 꽃들을 한 송이 한 송이 찬찬히 바라보았다.

천명이 물었다.

"무얼 그리 들여다보는 거야, 언니는?"
"이 세상 무엇이든 제대로 잘 보아야 그 뒤에 숨은 이치를 알 수 있거든. 이 꽃밭의 꽃 중에서 가장 향기로운 꽃을 찾아내려면 어떤 꽃에 나비와 벌이 제일 많이 날아드는지 살펴보아야 하는 것처럼 말이다."
천명이 까르르 웃었다.

"언니는 참 복잡하게도 살아요. 꽃이 아름다우면 그냥 아름답구나 하고 즐기면 되고, 향기가 있는지 없는지 알고 싶으면 향내를 맡아 보면 되잖아. 머리 아프게 이치 같은 건 알아서 뭐 하게?"

"넌 세상의 이치가 궁금하지도 않니? 그 이치 뒤에 숨어 있는 비밀 같은 거. 말하자면 나는 왜 세상에 태어났는지, 죽으면 어디로 가는지, 나는 왜 하필 나로 태어났는지 그런 것들 말이야."

천명과 함께 다시 천천히 뜰을 거닐던 덕만이 물었다.

"내가 알고 싶은 건 꼭 한 가지뿐인걸."

천명이 목소리를 낮추어 속삭이듯 말했다.

덕만이 동생을 돌아보며 엷게 웃었다.

"용춘랑의 마음 말이니?"

"언니가 그걸 어떻게 알아?"

"말했잖니. 뭐든 제대로 잘 살펴보면 많은 걸 알 수 있다고. 용춘랑을 바라보는 네 눈빛이며, 용춘랑 얘기를 할 때마다 네 목소리가 가늘게 떨리고 낯빛이 발그레해지는 걸 보고는 알아챘지. 네 마음속에 용춘랑이 있다는 것을."

용춘은 전 임금인 진지왕의 아들이며 화랑이었다. 진지왕이 *폐위되지 않았다면 용춘은 지금 태자가 되어 있을 터였다.

*폐위: 왕이나 왕비를 자리에서 물러나게 함.

덕만의 증조 진흥왕에게는 동륜과 사륜 두 아들이 있었다. 맏아들 동륜은 일찌감치 태자로 책봉이 되었으나 젊은 나이에 갑자기 세상을 떠났다. 그때 동륜의 아들 백정이 나이가 어리다는 이유로 조정의 실력자인 거칠부가 태자의 아우 사륜을 임금으로 *옹립했다.

하지만 사륜은 술과 여자에 빠져 나라를 제대로 다스리지 못했다. 결국 어머니인 사도 태후가 신하들과 함께 사륜을 폐위시키고 죽은 동륜 태자의 아들 백정을 임금의 자리에 올렸다. 그때 폐위당한 사륜이 신라 25대 임금인 진지왕이다.

새 임금 백정(진평왕)은 바로 덕만의 아버지로, 그 무렵에는 충분히 왕위를 이어받을 수 있는 청년으로 자라 있었다. 물론 그때 덕만은 아직 태어나기 전이었다.

그 일로 인해 아버지는 잃어버렸던 임금의 자리를 되찾았지만, 성골이었던 진지왕과 그 식구들은 진골로 한 단계 신분이 낮아졌다. 그들은 궁궐에서 나가 진골 대신들이 모여 사는 곳에서 살았다.

진지왕은 그 뒤 곧 세상을 떠났다. 진지왕의 아들인 용춘은 왕실의 가까운 친척인지라 자주 궁궐로 들어와 왕실 어른들께

*옹립 : 임금으로 받들어 모심.

거칠부(?~579)

거칠부는 신라 진흥왕 때의 장군이며 정치가이다. 어려서부터 큰 뜻을 품었으며, 청년 시절 승려가 되어 나라 안을 돌아다니며 견문을 넓혔다. 이때 고구려에 몰래 들어가 고구려 승려 혜량의 강론과 설법을 듣고 큰 감명을 받았다.

그 후 관직에 나아가 진흥왕 6년인 서기 545년, 왕명을 받아 그때까지 전해 내려온 기록을 정리하여 《국사》를 편찬했다. 서기 551년에는 여덟 명의 장군과 함께 고구려를 공격하여 죽령 이북 고현 이남의 10개 군을 빼앗았다. 또한 고구려의 승려 혜량을 승통(승려의 최고 지위)으로 추천했다.

서기 576년 진지왕이 즉위하자 신라 최고 관직인 상대등에 임명되었으며, 진흥왕 순수비에 그 이름이 기록되어 있다.

문안을 드리곤 했다.

용춘은 열다섯 살에 화랑이 되었다. 화랑은 진흥왕이 인재를 기르기 위해 만든 제도였다. 화랑은 주로 15, 16세의 진골 자제들 중에서 미소년을 가려 뽑아 학문과 무예를 가르쳤는데, 더러는 육두품에서 화랑이 나오기도 했다.

화랑들은 학문이 높은 재상이나 무예가 뛰어난 장군들에게 가르침을 받았고, 그 밑에 많은 평민 낭도들을 두었다. 화랑과 낭도들은 함께 나라 안 곳곳을 유람하면서 몸과 마음을 단련하곤 했다.

이제 용춘은 스무 살의 늠름한 장부로, 대화랑의 지위에 올라 있었다. 대화랑이 되면 모든 화랑을 지휘하는 최고 화랑인 풍월주 자리에 오를 수 있다.

천명의 나이 열다섯이었다. 사랑에 눈뜨는 나이가 된 천명이 대화랑 용춘에게 흠모의 감정을 품는 것은 지극히 당연한 일인지도 몰랐다.

"하여튼 언니 눈은 아무도 못 속인다니까. 언니가 보기엔 어때? 용춘랑의 마음 말이야?"

"아직은 네가 어리게만 보일 거다. 하지만 네가 좀 더 자라면 어느 날엔가는 너를 달리 볼지도 모르겠구나."

천명의 얼굴에 잠깐 실망의 빛이 스쳤지만 이내 두 눈이 생기로 반짝였다. 언니인 덕만 공주가 '어느 날엔가는' 하고 말했으니 그건 분명 희망이 있다는 뜻이기 때문이다. 천명은 언니 덕만 공주에게 남다른 데가 있다는 것을 누구보다 잘 알고 있었다.

두 공주는 천천히 뜰을 거닐었다. 늦은 오후, 꽃향기를 머금은 바람이 살랑 불어와 두 공주의 뺨을 어루만지며 지나갔다. 그때 갑자기 덕만 공주가 발길을 멈추고 땅을 유심히 내려다보았다.

"왜 그래, 언니? 또 뭘 그렇게 봐?"

천명이 언니처럼 땅을 내려다보며 물었다. 개미 떼가 새까맣게 땅을 뒤덮고 있었다.

"세상에! 개미들이 다 땅으로 나왔나 봐."

"곧 비가 오려나 보다. 개미 잔치하면 비가 온다잖니. 짐승들이나 개미 같은 미물한테는 날씨의 변화나 앞으로 닥칠 재앙을 미리 아는 남다른 능력이 있거든. 어서 들어가자."

"이렇게 날이 맑은데? 하지만 언니 말을 안 믿을 수야 없지. 좋아. 한 번만 더 뜰을 둘러보고 들어가자, 언니."

덕만 공주가 웃으며 고개를 끄덕였다.

두 공주가 궁궐 안 처소로 돌아간 뒤 얼마 지나지 않아 하늘에 먹구름이 몰려들더니 후두두 빗방울이 떨어지기 시작했다. 봄 향기에 들뜬 대지를 차분하게 적셔 주는 봄비였다.

제왕의 길

덕만 공주는 공부를 하고 있었다. 왕자와 공주의 교육을 담당하는 박사가 덕만에게 신라 역사를 가르치고 있었다. 동생 천

명은 공부에 그다지 취미가 없어서 아예 수업을 들으려 하지 않았다. 하지만 덕만은 공부가 재미있었다. 특히 신라의 역사가 가장 재미있었다.

일찍이 증조인 진흥왕 때 거칠부가 신라의 역사를 체계적으로 정리하여 《국사》라는 책을 지었다. 그동안 덕만은 박사와 함께 《국사》를 읽으며 신라의 첫 임금인 박혁거세부터 진흥왕 이전까지의 역사를 공부했다. 요즘은 증조인 진흥왕 때 일을 공부하고 있는데, 그리 멀지 않은 시기의 역사는 박사가 궁궐 문서를 참고하여 가르쳐 주었다.

첫 임금 박혁거세가 사로국 6부 촌장의 추대를 받아 나라를 연 이래로 신라는 박, 석, 김 세 성씨가 번갈아 다스려 왔다. 그러다 17대 내물왕 때부터 김씨들이 왕위를 계속 이어 왔다. 22대 지증왕 때에는 나라 이름을 신라로 바꾸고 법령을 선포하고 제도를 정비했다. 이때 골품 제도 또한 완성되었다.

대대로 왕위를 이어가는 김씨 왕족은 가장 높은 골품인 성골이었다. 다음, 역대 왕들의 가깝고 먼 핏줄들은 진골로서 조정 대신이나 높은 관리가 될 수 있었다. 진골 다음 골품인 육두품은 평민보다는 제법 높은 신분으로 중간 정도의 벼슬까지 할 수

신라의 첫 임금, 박혁거세와 신라의 탄생

기원전 2세기 무렵, 조선(고조선)이 한나라에 의해 멸망하자 그 유민들이 살길을 찾아 남쪽으로 내려왔다. 그들은 현재의 경주시 일대에 여섯 마을, 6촌을 이루어 살았다. 어느 날 6촌 촌장들은 알천 냇가에 모여 여섯 마을의 앞날에 대해 의논했다. 의논 끝에 덕 있는 사람을 찾아 임금으로 삼고, 나라를 세우기로 했다. 먼저 나라의 도읍지로 정할 곳을 찾기 위해 촌장들은 모두 높은 곳으로 올라갔다.

촌장들이 어느 곳을 도읍지로 정하면 좋을지 사방을 살피고 있을 때였다. 남쪽 양산(지금의 남산) 밑 나정 옆 숲에서 이상한 기운이 번갯불처럼 땅을 비추더니, 흰말 한 마리가 꿇어앉아 절을 하는 모습이 보였다. 촌장들이 놀라 나정 옆 숲으로 달려가 보니 말은 하늘로 올라가고 보랏빛 알 하나가 있었다. 그 알을 깨자 갓난 사내아이가 나왔다.

그 아이를 동쪽 샘(동천)에 목욕시켰더니 몸에서 빛이 나고 새와 짐승이 다가와 춤을 추었다. 촌장들은 아이의 이름을 '혁거세'라고 지었다. '혁거세'는 세상을 밝게 다스린다는 뜻이었다. 혁거세가 나온 알이 박처럼 생겼다 하여 성을 '박'으로 하였다.

사람들은 기뻐하면서 이제 천자가 내려왔으니, 덕이 있는 왕후를 찾아 배필로 맞아야 한다고 말했다. 바로 이날 사량리 알영 우물가에 용이 나타나 왼쪽 겨드랑이 밑에서 여자 아이를 낳았다. 여자 아이는 얼굴이 매우 고왔는데, 입술이 닭의 부리 같았다. 사람들이 아이를 월성 북쪽 냇가로 데려가 얼굴을 씻기자 입에서 부리가 떨어졌다.

사람들은 남산 서쪽에 궁궐을 짓고 두 아이를 길렀다. 두 아이가 열세 살이 되자 사람들은 혁거세를 왕으로 추대하고 알영을 왕후로 삼았다. 박혁거세는 나라 이름을 서라벌, 또는 사로라고 하였다. 이는 도읍지로 정한 곳의 지명을 딴 것인데, 사로국은 점차 발전하고 성장하여 뒷날 삼국 통일을 이룩한 신라가 되었다.

있었다. 오두품과 사두품은 평민보다 약간 높은 신분으로 낮은 벼슬을 할 수가 있었다.

"그렇게 제도와 법령을 정비한 다음부터 신라는 전보다 더 발전하고 강해졌습니다."

박사가 설명했다. 물론 발전했다고는 해도 신라가 고구려나 백제와의 전쟁에서 크게 이긴 적은 많지 않았다.

나라를 연 이래로 삼국은 서로 수없이 땅을 빼앗고 빼앗기는 전쟁을 해 왔다. 때로는 두 나라가 힘을 합쳐 다른 한 나라에 대항하여 싸우기도 했다.

신라는 때론 고구려와 때론 백제와 손을 잡고 다른 한 나라를 공격하기도 했고, 반대로 고구려와 백제가 힘을 합쳐 신라로 쳐들어온 적도 많았다.

신라는 삼국 중 가장 약한 나라여서 이웃 고구려와 백제에 내몰리는 때가 많았다. 그러다 40여 년 전 진흥왕은 백제의 성왕과 동맹을 맺었다.

그런 다음, 왕위 계승을 놓고 나라 안 사정이 어지러운 고구려를 공격하여 그동안 고구려가 차지하고 있던 아리수(한강) 유역의 땅을 빼앗았다. 신라는 아리수 상류 지역을 차지하고 백제는 지난날 자신들의 땅이었던 하류 지역을 차지했다.

그로부터 2년 뒤에 신라는 아리수 하류 지역의 백제군을 공격하여 마침내 백제도 몰아내고 아리수 유역을 모두 차지했다.

진흥왕(534~576)

신라 제24대 왕으로, 그전까지 고구려와 백제에 뒤처져 있던 신라를 크게 발전시킨 왕이다. 지증왕의 손자로 법흥왕의 뒤를 이어 7세에 왕위에 올라 한때 태후의 섭정을 받았다.

진흥왕은 어른이 되어 직접 나라를 다스리면서 대외 정복 사업을 벌여 신라의 영토를 크게 확장하였다. 이사부와 거칠부 등 유능한 인재를 장군으로 삼아, 551년에는 백제와 함께 고구려를 공격했다.

이 동맹 작전으로 신라는 한강 상류 지역을 얻었고, 백제는 지난날 자신들의 땅이었던 한강 하류 지역을 되찾았다. 또 553년에는 백제가 수복한 한강 하류 지역을 기습하여 그 땅까지 차지했다. 이로써 신라는 한강 유역의 풍부한 물자와 백성들을 얻었을 뿐만 아니라 중국과의 교통로인 당항성을 얻어, 눈부신 발전을 하게 되었다.

한편 한강 유역을 빼앗긴 백제의 성왕이 554년 신라로 쳐들어오자 관산성에서 마주 싸워 대승을 거두었다. 이어 562년에는 대가야를 평정하고 한강 주위에 강력한 군사를 배치하여 한강 유역에 대한 지배권을 단단히 하였다.

이처럼 신라의 영토를 크게 확장한 진흥왕은 새로 정복한 땅에 순수비를 세웠는데, 창녕·북한산·황초령·마운령 등에 지금도 그 순수비가 남아 있다.

"그것으로 그 지역의 풍부한 생산물과 백성들이 신라의 몫이 되었습니다. 덕분에 신라는 크게 발전하여 고구려나 백제가 쳐들어와도 당당히 맞설 수 있는 나라가 되었지요. 뿐만 아니라 당항성(경기도 화성시 서신면)이 우리 땅이 되어, 신라는 그곳에서 서해를 거쳐 중국 대륙과 직접 교통할 수 있는 바닷길을 열었답니다. 증조이신 진흥 대왕께서는 정말 훌륭한 임금이셨습니다."

박사의 설명을 듣고 난 덕만이 잠시 생각하다가 물었다.

"하지만 동맹군이었던 백제를 공격한 일은요? 그건 동맹군에 대한 신의를 저버린 일이 아닌가요?"

박사가 빙그레 웃었다.

"총명하신 공주님다운 질문이군요. 원래 나라 사이의 동맹이란 것이 자국의 이익에 따라 하루아침에 깨어지기도 하는 것입니다. 만약 그때 백제가 우리 신라보다 강했다면, 반대로 백제가 우리 신라를 공격해서 아리수 상류 땅을 빼앗았을지도 모릅니다. 그 땅은 그만큼 중요한 곳이니까요."

박사는 말을 끊고 덕만을 잠시 바라보다가 다시 말을 이었다.

"공주마마, 제왕의 도리는 일반 백성들의 도리와는 다릅니

다. 제왕에게 가장 중요한 도리는 내 나라 내 백성을 지켜야 한다는 것입니다. 만약 진흥 대왕께서 동맹군에 대한 신의를 지켜 아리수 유역을 다 차지하지 않았다면 신라는 지금처럼 발전하지 못했을 것이고, 고구려나 백제의 침공을 받아 바람 앞의 등불처럼 위태로운 지경에 이르렀을지도 모릅니다. 그리 되었다면 무엇보다 신라 백성들이 고생을 했을 겁니다. 적군의 침략으로 죽거나 다치고, 아니면 노비로 적국에 끌려가 마소처럼 비참하게 살았을 테지요."

"확실히 제왕의 길은 백성의 길과는 다른 듯하군요."

진흥왕릉 진흥왕은 활발한 대외 정복 사업으로 신라를 크게 발전시켰다.

"수많은 백성들의 안위와 목숨까지 책임져야 하는지라, 제왕의 자리는 어렵고 힘든 자리입니다. 그만큼 외로운 자리이기도 하지요. 아무튼 진흥 대왕께서는 그 후에 가야와 아리수 이북 땅을 정복하여 우리 신라의 영토를 한껏 넓히셨습니다. 이처럼 나라의 힘이 커지자 대왕께서는 당신을 중국 황제처럼 '짐'이라 불렀고 또한 '개국'이라는 연호를 선포하셨습니다. *고구려나 백제는 중국의 연호를 그대로 쓰고 있지만, 우리 신라는 이미 법흥 대왕 때부터 독자적인 연호를 써 왔습니다. 지금의 대왕 폐하께서도 즉위 6년 되던 해에 '건복'이라는 연호를 선포하셨지요."

"하지만 2년 전에 수나라 황제가 조서를 내려 아버지를 '상개부낙랑군공신라왕'으로 봉하지 않았나요? 그건 수나라가 우리 신라를 고구려나 백제와 같은 제후국으로 여기고 있다는 뜻이 아닌가요?"

"그건 우리 신라가 큰 나라와의 외교를 부드럽게 하기 위해 형식적으로 받아들이는 절차일 뿐이지요. 수나라가 어찌 생각하건 우린 우리만의 연호를 쓰고 짐이라 칭하고 있으니, 우리 신라는 비록 작지만 수나라 못지않은 당당한 나라입니다. 수나

*고구려는 광개토 대왕이 나라를 다스리던 시기에 '영락'이라는 연호를 사용했다.

라에 선물을 보내는 것도 마찬가지입니다. 수나라에서는 그 선물을 작은 나라가 조공을 바치는 것이라 하겠지만 우리로서는 외교 관계를 좋게 유지하는 선물일 뿐이지요. 또한 우리가 선물을 보내면 수나라 또한 큰 나라 체면에 답례품을 보내지 않을 수 없으니 말하자면 나라끼리 물품이 오가는 것이지요."

덕만은 신라가 당당하게 독자적인 연호를 쓰고, 짐이라 칭하는 것이 자랑스러웠다. 박사도 같은 생각인 듯 얼굴에 뿌듯함이 어렸다. 다시 박사의 수업이 이어졌다.

"한편 아리수 하류 지역을 빼앗긴 백제의 성왕은 격분하여 신라를 공격했습니다. 허나 성왕은 부여에서 서라벌로 통하는 첫 관문인 관산성(충북 옥천) 싸움에서 전사하고, 백제군 3만 병사가 모두 죽는 참패를 당했지요. 그때부터 신라는 고구려와 백제의 공동의 적이 되었습니다. 고구려는 틈만 나면 신라를 침공하여 당나라로 가는 길을 가로막았고, 백제는 관산성 전투에서 죽은 성왕의 원수를 갚는다면서 기회만 있으면 신라로 쳐들어왔지요. 앞으로도 백제와 고구려는 계속 신라로 쳐들어올 터이니, 우리는 더욱 힘을 기르고 방비를 튼튼히 하여 진흥 대왕 때 크게 발전한 신라를 더욱 발전시키고 잘 지켜 나가야 할 것입니다. 그것이 지금의 대왕 폐하와 대대로 이어질 다음 임금들이 해야 할 일이겠지요."

박사의 수업이 끝났다. 시중을 드는 시녀 둘을 거느리고 처소로 돌아오는 덕만의 귓가에 이상하게 '다음 왕'이라는 박사의 말이 자꾸 맴돌았다.

아버지는 딸만 셋을 두어 다음 임금이 될 후계자를 아직 정하지 않았다. 아버지가 건강하고 젊으시니 언젠가는 태자가 될 사내 아우가 태어날지도 모른다. 하지만 아버지가 영영 아들을 얻지 못한다면 누가 다음 왕위를 이어 갈까?

아버지가 공주들에게도 왕자들이 받는 수업을 똑같이 받게 한 것은 어쩌면 만약의 경우에 대비한 것인지도 모른다는 생각이 들었다. 그래서 덕만이 학문을 좋아하고 공부에 열심인 것을 보고 아버지가 그토록 흐뭇해하시는 것이리라.

'아냐. 언젠가는 분명 아들을 얻으실 거야. 우리 신라의 미래를 짊어지고 갈 태자를……'

덕만은 그렇게 희망을 품으면서 처소로 부지런히 발걸음을 옮겼다.

별을 꿈꾸며

밤하늘에 별이 총총했다. 덕만은 궁궐 뜰에 선 채 별을 바라보았다. 소녀 시절부터 덕만은 유난히 별을 좋아했다.

'천문을 관측하면 나라에 어떤 *변고가 있을지 미리 알 수 있다지? 반란이 일어난다거나, 적군이 쳐들어온다거나, 임금이 갑자기 세상을 떠난다거나, 그런 일들을 미리 헤아릴 수 있다지? 그렇다면 사람의 *명운은 별을 보고 알 수 없는 걸까? 별에 사람의 명운이 쓰여 있는 건 아닐까?'

별을 보면서 덕만은 때론 아름다운 사랑을 꿈꾸었고, 현명한 아내 슬기로운 어머니가 되는 꿈을 꾸기도 했다. 하지만 이제 그런 꿈은 잊어야 할 것 같았다. 어쩐지 그런 평범한 삶은 자신의 것이 아닌 것 같은 생각이 자꾸 들었다. 그런 꿈을 꾸기에는 나이가 너무 들어 버린 것인지도 몰랐다.

이제 두 해만 지나면 덕만의 나이 서른이 된다.

여동생 천명은 사모하던 용춘과 혼인했고 궁궐 밖 사가에 살고 있다. 천명은 아들도 낳았는데, 아들 춘추는 지금 벌써 여덟 살이다.

나이도 나이지만 주위에 덕만에게 걸맞은 신랑감이 없으니,

*변고 : 갑작스러운 재앙이나 사고.
*명운 : 운명.

아무래도 혼인하기는 어려울 것 같았다. 게다가 여태 아들을 얻지 못한 아버지는 내심 덕만을 후계자로 생각하고 있는 듯했다.

요즘 들어 아버지는 더욱 자주 나랏일에 대해 덕만의 의견을 물어보곤 했다. 어떤 때는 조정 대신들의 의견보다 덕만의 의견이 더 훌륭하다면서 칭찬하곤 했다.

'저 많은 별 가운데 내 별이 있지 않을까? 혹시 그 별에 아바마마의 뒤를 이어 신라의 임금이 되는 것이 내 명운이라고 쓰여 있는 것은 아닐까?'

아버지의 뒤를 이어 신라 최초의 여왕이 될지도 모르지만 아직 확실한 일은 아니었다. 몇 해 전 어머니 마야 부인이 돌아가셨고, 아버지는 새 왕후를 얻었다. 그 왕후가 젊으니 아버지가 태자를 얻을 희망이 여전히 남아 있기는 했다.

그렇기는 해도 미리 준비는 해 두어야 할 것 같았다. 어떻게 하면 좋은 임금이 될 수 있는지 아버지를 보필하면서 부지런히 배워 두면, 나중에 정말 그런 일이 닥쳤을 때 신하들에게 휘둘리지 않고 나랏일을 잘해 나갈 수 있을 것 같았다. 아무 준비도 하지 않고 있다가 아무것도 모른 채 임금이 된다면 신하들이 하는 대로 따라가는 꼭두각시 임금이 되기 십상이었다. 적어도 그런 임금이 되고 싶지는 않았다.

'만약 내가 임금이 된다면 아바마마 못지않은 훌륭한 임금이 되고 싶어. 나라도 잘 다스리고, 백성도 자식처럼 사랑하는 그런 임금…….'

임금인 아버지를 늘 지켜보아 온 덕만은 임금 자리가 얼마나 어려운 자리인지 잘 알고 있었다.

증조 진흥왕 때 크게 발전했다고는 하나 신라는 여전히 고구려와 백제의 침입에 시달리고 있었다. 6년 전에는 백제가 아막성으로 쳐들어왔고, 그 다음 해에는 고구려가 북한산성에 쳐들어왔다. 다행히 그때는 백제군과 싸워 크게 이겼고, 고구려군도 물리쳤다.

하지만 올해 2월과 4월에 고구려가 침공해 왔을 때는 북쪽 변경 우명산성이 함락되고 신라 백성 8천 명이 잡혀갔다. 아버지는 수나라에 군사를 청해 고구려를 칠 생각을 하고는 원광 법사를 불렀다.

"수나라에 도움을 청하는 *국서를 보낼 작정이오. 법사가 국서를 쓰도록 하오."

"자신을 보존하기 위하여 다른 이를 없애는 것은 승려가 할

---

*국서 : 왕이 나라의 이름으로 보내는 외교 문서.

바가 아닙니다. 허나 제가 대왕의 땅에 살면서 대왕의 곡식과 물을 먹고 있는데, 어찌 감히 명령에 따르지 않겠나이까?"

원광 법사는 그렇게 말하고는 글을 지어 올렸다.

아버지는 원광 법사가 지어 올린 글을 덕만에게 보여 주면서 원광 법사가 했던 그 말도 함께 들려주었다. 그러고는 덕만에게 물었다.

"원광이 글을 지어 올린 일에 대해 어찌 생각하느냐?"

"백성의 도리를 다했으니, 옳은 일을 했다 생각하옵니다."

"만약 원광이 끝까지 글을 쓰지 않겠다고 고집을 부렸다면, 너는 어찌하겠느냐? 네가 만일 임금이라면 말이다."

"만약 원광이 그랬다면 아바마마께서는 어찌하셨을 건지 먼저 여쭙고 싶사옵니다."

"개인의 도리보다 백성으로서의 의무가 먼저가 아니더냐. 만약 그랬다면 짐은 원광에게 큰 벌을 내렸을 것이다. 한 사람을 벌주어 백 사람을 경계하자는 뜻에서 말이다. 우리 신라에는 불법을 닦는 자들이 넘쳐 나 자칫 개인의 도만 닦다가 나랏일을 소홀히 할 수도 있으니, 그런 일은 미리 경계해 두어야지. 자, 이젠 네 대답을 들려 다오."

"저는 원광이 끝까지 글을 쓰지 않겠다고 한다면 다른 이를 찾아 글을 쓰게 하겠습니다. 그리고 원광은 다른 일로 나라에 보은하게 만들겠습니다."

덕만의 대답에 아버지는 빙그레 웃으며 고개를 끄덕였다.

"내 태자가 없는 것이 늘 마음에 걸렸는데, 네가 이토록 지혜로우니 너에게 왕위를 물려준다 해도 전혀 걱정할 일이 없겠구나."

아버지한테 그런 칭찬을 들은 것이 며칠 전이었다. 덕만은 아버지의 칭찬이 기쁘면서도 한편으로는 부담스러웠다.

'임금의 자리는 힘든 자리지. 그러니 더욱 단단히 준비해 두어야지. 많이 공부하고 많이 생각하고 하늘과 땅과 사람들을 두루 살펴서 살아가는 이치를 깨우쳐야 해. 이다음에 나라를 제대로 다스리려면…….'

밤하늘을 올려다보는 덕만 공주의 두 눈에도 마음에도 휘황한 별들이 소복소복 내려 쌓이고 있었다.

미래의 신하를 얻다

김춘추와 김유신

서기 618년 수나라가 망하고 당나라가 들어섰다.

그로부터 3년 뒤 신라는 당나라에 선물과 함께 사신을 보냈다. 당나라 황제가 답례로 사신을 보내고 황제의 조서와 그림 병풍과 무늬 있는 비단 3백 단을 보내 주었다.

그로부터 다시 5년이 지난 진평왕 48년 봄이었다.

그해 봄, 어느 날 공주 덕만은 시종들을 거느리고 조카 춘추와 함께 남산으로 나들이를 나갔다. 조카 춘추는 열다섯 살 때 화랑이 되었고, 스물네 살이던 지난 해 최고 화랑인 풍월주 자리에 올랐다.

덕만은 그런 춘추가 미덥고 자랑스러웠다. 마흔이 훌쩍 넘도록 혼자인 덕만에게 춘추는 아들이나 다름없었다.

남산은 봄이 한창이었다. 나무마다 연둣빛 새순이 돋아나고, 들판에는 갖가지 들꽃들이 수줍게 고개를 내밀었다.

춘추와 함께 남산 기슭 들판을 거닐며 봄 냄새를 한껏 들이마시던 덕만은 멀리 민가 쪽에서 연기가 피어오르는 것을 보았다. 저녁밥 지을 때도 아니고 봄날 대낮에 뜬금없이 연기라니, 예삿일이 아니었다. 어디 불이라도 났는가 싶어서 덕만은 옆에 있는 시종에게 물었다.

"대체 저것이 무슨 연기냐?"

"곧 알아보고 오겠사옵니다."

얼마 뒤 시종이 돌아와 말했다.

"연기는 김유신 장군 댁에서 나는 것이라 하옵니다."

김유신은 *금관가야 왕족의 후손이었다. 90여 년 전 법흥왕 때 금관가야가 신라에 *병합된 뒤 금관가야의 왕족들은 신라로 와서 살았다. 신라에서는 왕족인 그들을 진골 대접을 해 주었

***금관가야**: 육 가야 가운데 지금의 김해 땅에 있었던 나라. 42년에 수로왕이 건국하였다고 하며, 한때 육 가야의 맹주로 활약함.
***병합**: 둘 이상의 기구나 단체, 나라 따위를 하나로 합치거나 만듦.

지만 정통 진골과는 아무래도 신분에서 많은 차이가 났다.

그래도 김유신의 할아버지 김무력은 신라에서 가야계 진골로 살면서 나라에 많은 공을 세웠다. 김무력의 아들 김서현은 진흥왕의 동생인 숙흘종의 딸 만명과 혼인하여 아들 유신을 낳았다.

신라 왕실에서는 가야계 진골인 김서현이 정통 진골인 만명과 혼인한 것을 그리 달가워하지 않았다. 그래서 김서현을 지방에 위치한 만노군에 태수로 보냈다.

신라 왕실에서 그 혼인을 인정하고 김서현을 왕경 서라벌로 부른 것은 유신이 열네 살 되던 해였다.

아버지를 따라 왕경으로 온 김유신은 15세에 화랑이 되었다.

덕만 공주는 그때 처음 김유신을 보았는데 한눈에 예사롭지 않은 인재임을 알아보았다. 덕만은 소년 화랑 김유신에게 가장 가슴 아픈 일이 무엇이냐고 물어보았다.

"백제와 고구려가 잇따라 우리 강토를 침략하는 것이 가장 가슴 아프고 또 화가 나옵니다, 공주마마. 그로 인해 우리 백성들이 전장에서 싸우다 죽거나 다치고, 또한 식구들과 애달픈 이별을 하는 것을 볼 때마다 가슴이 찢어질 듯 아프면서 속에서 불같은 것이 울컥 치밀어 오르곤 하옵니다."

열다섯 살 소년답지 않은 어른스런 대답에 덕만은 김유신을 다시 보면서 또 물었다.

"허면 백제와 고구려가 우리나라를 침략하지 못하게 하고, 이 땅에서 전쟁을 끝내려면 어찌해야 한다고 생각하느냐?"

"삼국을 하나로 통일해야 하옵니다. 그래야 서로 땅을 빼앗고 빼앗기는 전쟁이 끝나고 이 땅에서 백성들이 평화롭게 살아갈 수 있사옵니다."

"네 생각이 기특하구나. 나도 그 방법밖에 없다는 것을 알고는 있다. 허나 우리 신라에게는 그럴 만한 힘이 없으니……."

"고구려와 백제를 칠 수 있는 힘을 길러야지요. 어떻게든 힘을 길러 삼국을 통일하지 않으면, 우리 신라는 결국 고구려나 백제에게 멸망하고 말 것이옵니다. 그런 *통분할 일이 생기기 전에 우리 신라가 먼저 힘을 길러 삼국을 통일해야 하옵니다."

소년 김유신의 얼굴은 다부진 결의로 빛나고 있었다. 덕만 공주는 고개를 끄덕이며 그 얼굴을 마음에 새겼다.

덕만이 예감한 대로 김유신은 화랑 중에서도 이내 두각을 나타내어 열여덟 살에 최고 화랑인 풍월주 자리에 올랐고, 스물두 살 때 화랑 조직을 나왔다.

*통분: 원통하고 분함.

 이제 김유신의 나이 서른둘이었다. 신분의 한계 때문인지 아직은 눈에 띄는 활약이 없었다. 또한 나라에 공을 세운 적도 없지만 언젠가는 김유신의 날이 올 거라고 덕만은 믿고 있었다.
 그 김유신의 집에서 지금 수상한 연기가 피어오르고 있는 것이다.

시종이 계속 말했다.

"헌데 장군께서 막내 누이를 태워 죽이려고 장작불을 피우고 있다 하옵니다."

"무슨 해괴한 소리냐? 산 사람을 어찌 태워 죽이려 한단 말이냐? 그것도 누이를……."

"사실은 장군의 막내 누이가 혼례도 치르지 않은 몸으로 아이를 가졌는지라……."

덕만은 김유신의 막내 누이 문희를 몇 번 본 적이 있었다. 난처럼 기품 있고 고운 처녀였다.

"대체 누구의 소행이란 말이냐?"

덕만은 언짢은 듯 묻다가 문득 춘추를 돌아보았다.

춘추는 자신보다 일곱 살이나 많은 김유신과 절친한 벗으로 지내면서 그의 집에도 자주 놀러 가곤 했다. 그러다 춘추는 어여쁜 문희에게 마음이 끌려 서로 사랑했으리라.

그러나 춘추는 이미 혼인하여 고타소라는 딸까지 두고 있었다. 춘추는 아내와 딸 고타소를 무척 사랑했다. 그래서 문희와의 일을 차마 아내에게 알리지 못했고, 문희에게도 미래를 약속하지 못했을 것이다.

게다가 문희는 정통 진골이 아닌 가야계 진골이었다. 골품이 엄격한 신라에서 비록 지금은 진골이라 해도 성골 핏줄인(할아버지 진지왕이 폐위되면서 춘추의 집안은 성골에서 진골로 강등되었다.) 춘추가 문희와 드러내놓고 혼인하기에는 이래저래 걸리는 것이 많았다.

그래서 김유신은 궁리 끝에 공주가 행차한 날 보란 듯이 연기를 피워 올리고 있는 것이다. 말하자면 누이동생과 춘추를 맺어 달라고 공주에게 보내는 말 없는 호소였다.

덕만이 나서기만 하면 춘추의 아내도 순순히 문희를 받아들일 터였다. 집안의 어른이며 다음 왕위를 이어 갈 공주의 명을

신라의 골품 제도

신라의 골품 제도는 처음에는 왕족을 대상으로 한 골제와 일반 귀족을 대상으로 한 두품제, 두 제도로 나뉘어 있었는데, 법흥왕 때 하나의 제도로 통합되었다. 그 결과 골품 제도는 성골과 진골이라는 두 개의 골과 6두품에서 1두품에 이르는 모두 8개의 신분 계급으로 나뉘었다. 이 중에서 성골은 김씨 왕족 가운데서도 왕이 될 수 있는 최고의 신분이었는데, 진덕 여왕을 끝으로 성골은 사라졌다.

진덕 여왕 이후 태종 무열왕이 진골의 신분으로 왕위에 올랐고, 그 후 신라가 멸망할 때까지 모든 왕은 진골 출신이었다. 진골 아래 6두품부터 4두품까지는 관직에 나아갈 수 있는 상위 계급이었고, 3두품부터 1두품까지는 평민이나 다름없었다. 결국 골품제는 진골, 6두품, 5두품, 4두품, 평민 등 다섯 계급으로 정리되었다.

골품 제도의 정치적 기능 가운데서 가장 중요한 것은 관직에 따라 오를 수 있는 자격을 제한(관등 제도)했다는 점이다. 신라인들은 이와 같은 골품에 따라 입는 옷이며 사는 집의 크기까지 여러 가지 제한을 받았는데, 특히 혼인에서 그 제한이 심했다. 원칙적으로 혼인은 같은 신분끼리만 할 수 있었다. 특히 수가 적은 성골 신분 왕족은 배우자를 구하기가 쉽지 않았고, 선덕 여왕이나 진덕 여왕이 혼인을 하지 않은 것도 그런 이유 때문이었다.

또한 같은 진골 신분이라 해도 신라에 병합된 작은 나라 왕족의 후손들은 정통 진골만큼 대우를 받지는 못했다. 가야계 진골인 김유신의 아버지 서현이 진흥왕 동생(숙흘종)의 딸인 만명 부인과 혼인을 할 때 정통 진골인 김씨 왕족들의 반대에 부딪쳤던 것도 정통 진골과 가야계 진골 사이에 그만큼 신분의 차이가 있었기 때문이다.

그러나 신라가 삼국을 통일하고 후대로 가면서 진골 또한 하나로 통합되어, 신라가 멸망할 때까지 다섯 계급의 골품제는 그대로 유지되었다.

거역할 사람은 아무도 없었다. 또한 춘추가 아내를 둘이나 얻는다 해도 그건 그리 큰 흉이 아니었다.

이제 덕만이 다음 왕위를 이어받는다는 것은 움직일 수 없는 사실이 되어 있었다. 덕만에게는 왕위에 올랐을 때 자신을 충성스럽게 보필해 줄 믿음직한 신하가 필요했다.

김춘추와 김유신은 둘 다 여러모로 능력이 뛰어난 인재들이었다. 특히 김유신은 백제와 고구려의 침략에 시달리는 신라를 위해 큰 몫을 해낼 장수였다. 비록 지금은 가야계란 신분 때문에 평범한 장수로 세월을 보내고 있지만, 언젠가는 반드시 김유신의 출중함이 신라를 위해 크게 쓰일 날이 올 터였다.

그러니 지금 두 사람을 혼인으로 맺어 준다면, 둘은 이다음에 충실한 신하로서 덕만의 양 날개 노릇을 톡톡히 해낼 터였다.

덕만은 고개를 돌려 옆에 서 있는 춘추를 빤히 바라보며 물었다.

"너냐?"

그러자 춘추가 얼굴을 붉히며 고개를 숙였다.

"어서 장군의 집으로 달려가 그 누이를 구해라. 내가 나서서 너희 둘을 맺어 줄 것이니라."

그로부터 한 달 뒤 춘추는 김유신의 누이 문희와 혼례를 올렸고 몇 달 뒤에는 아들 법민을 낳았다. 그 뒤 춘추의 첫 번째 아내가 병으로 죽자 문희가 정실부인이 되었다.

그 혼인으로 김춘추와 김유신은 바늘과 실처럼 가까운 사이가 되었고, 덕만은 미래의 중요한 신하 두 사람을 얻었다. 김춘추와 김유신, 두 사람은 신라 최초의 여왕이 이끄는 시대를 짊어지고 갈 인재들이었다.

문희의 꿈

가을이 왔다. 하늘이 유난히 높고 푸른 어느 날, 문희가 아들 법민을 데리고 덕만에게 문안드리러 왔다. 문희는 자주 그렇게 덕만에게 문안드리러 궁궐로 들어오곤 했다.

여태 혼자인 덕만에게는 조카 춘추가 자식이나 다름없었고, 문희는 며느리나 마찬가지였다. 더구나 자신이 나서서 두 사람을 맺어 주었으니, 둘에 대한 마음이 더 각별했다.

무엇보다 덕만은 손자 같은 법민을 보는 것이 즐거웠다.

법민은 어느새 네 살, 눈이 초롱초롱하고 총명한 사내아이로

자라 있었다. 하루가 다르게 쑥쑥 자라는 법민을 볼 때마다 덕만은 마음이 뿌듯했다.

"법민이는 이다음에 분명 큰일을 해낼 게야. 벌써 그런 싹이 보이는구나."

덕만이 법민을 바라보며 칭찬하자 문희가 기뻐하면서도 얼른 겸손하게 말했다.

"과찬의 말씀이시옵니다. 아직 어린아이인걸요."

"네 시어머니께서도 법민이를 볼 때마다 흐뭇해하시지?"

덕만의 여동생 천명이 문희의 시어머니였다.

문희가 웃으며 고개를 끄덕이더니 다시 말했다.

"사실은 제 언니도 절 부러워한답니다. '나한테 꿈을 산 덕분에 네가 좋은 남편을 만나고 이렇게 잘생긴 아들도 두었구나.' 하면서 말이에요."

덕만도 문희가 언니 보희에게서 꿈을 샀다는 이야기를 언젠가 들은 적이 있었다. 신기한 이야기라 기억에 남아 있었다.

문희가 아직 춘추를 만나기 전의 일이었다.

어느 날 아침 보희가 문희에게 간밤에 꾼 꿈 이야기를 했다.

서라벌의 뜻

신라의 수도인 서라벌은 순 우리말 '새쪽 벌판'이란 뜻에서 나왔다. '새쪽'은 '해가 뜨는 동쪽'이란 뜻인데, 다시 말해 서라벌은 '해가 뜨는 성스러운 동쪽 벌판'이란 뜻이다.

고대의 여러 종족은 태양을 숭배했는데, 우리나라도 마찬가지였다. 고구려 사람들은 스스로를 하늘의 자손이라 부르면서 하늘에 떠 있는 태양을 숭배했고, 신라인들은 처음에 나라 이름을 서라벌이라고 지어 태양에 대한 숭배의 뜻을 표현했다.

처음에는 나라 이름이었던 서라벌이 나중에 신라로 바뀌면서 수도인 경주 일대를 지칭하는 말이 되었고, 이 서라벌이 셔벌, 서울 등으로 차츰 변해 오늘날의 서울이라는 말이 되었다.

"글쎄 간밤 꿈에 내가 서형산(선도산) 마루에 앉아 오줌을 누었는데, 서라벌이 온통 오줌에 잠겼지 뭐니. 아무리 생각해도 참 희한한 꿈이야."

총명한 문희는 그 꿈이 예사 꿈이 아님을 알아차리고 보희에게 장난처럼 말했다.

"언니 그 꿈 나한테 팔아."

"꿈을 사서 뭐 하게?"

"그냥 사고 싶어서 그래."

보희가 문희를 잠시 보더니 빙긋 웃었다.

"그럼 꿈 값으로 뭘 줄 건데?"

"내 비단 치마를 줄게. 언니, 그 치마 갖고 싶다고 했잖아."

문희는 일어나더니 비단 치마를 가지고 왔다. 평소에 갖고 싶었던 비단 치마를 보는 순간 보희의 눈이 반짝 빛났다. 보희는 얼른 치마를 받으면서 고개를 끄덕였다.

"좋아. 이제부터 그 꿈은 네 꿈이야."

그로부터 며칠 뒤, 유신은 춘추와 함께 공을 차다가 일부러 춘추의 옷고름을 밟아 떼었다. 춘추가 어쩔 줄 모르고 난처해하자 유신이 말했다.

"다행히 우리 집이 여기서 멀지 않으니 가서 옷고름을 달도록 하지요."

춘추가 찬성하고는 유신의 집으로 갔다. 유신은 술상을 차려 춘추를 대접하고는 누이동생 보희의 방으로 갔다.

"얘야, 춘추 공의 옷고름이 떨어졌구나. 네가 와서 좀 꿰매 주지 않으련?"

그날따라 보희는 머리도 아프고 몸이 좋지 않았다.

"오라버니, 지금 머리가 아파서 바느질은 도저히 못할 것 같아요."

그러자 유신은 문희에게 갔다. 문희는 오라버니 유신이 일곱 살 아래인 김춘추와 벗으로 절친하게 지내고 있다는 것을 잘 알고 있었다. 오라버니의 벗이라면 당연히 옷고름을 꿰매 주어야 할 것 같았다.

문희는 바늘과 실을 가지고 가서 춘추의 옷고름을 꿰매 주었다. 춘추는 귀공자 태가 났고, 다정했다. 문희는 춘추가 오라버니처럼 흉허물 없이 느껴졌다. 둘은 이내 사랑에 빠졌다. 춘추는 문희를 만나러 자주 유신의 집에 들렀다.

문희가 춘추와 가까워지자 유신은 무척 흡족해했다.

"나는 늘 춘추 같은 매제가 있었으면 하고 바랐다."

그 말을 듣고 문희는 비로소 유신이 일부러 춘추의 옷고름을 떨어뜨렸음을 알았다. 유신은 춘추를 누이동생 둘 중 하나에게 소개할 기회를 만들려 했던 것이다.

처음에 유신은 보희를 마음에 두었지만 결국 문희가 춘추와 사랑에 빠졌다. 그것은 어쩌면 꿈을 샀기 때문이 아니었을까. 문희는 가끔 그렇게 생각해 보곤 했다.

어쨌거나 춘추와 사랑에 빠진 문희는 아이를 가졌다. 그러나 이미 아내와 딸이 있는 김춘추는 차마 아내에게 사실대로 말하

지 못했다.

　그러자 망설이는 춘추를 보다 못해 김유신이 나섰다. 덕만 공주가 남산으로 나들이 나온 날, 짐짓 연기를 피워 올리며 문희를 태워 죽이겠다고 으름장을 놓은 것이다.

　결국 공주가 이를 알고 둘을 혼인시켜 주었다. 그것이 4년 전 일이었다.

"그래서 네 언니가 꿈을 판 것을 후회한다고 하더냐?"

　덕만이 빙그레 웃으면서 물었다. 문희가 입가에 웃음을 머금으면서 고개를 끄덕였다.

　"조금은 후회하는 것 같았어요. 만약 꿈을 안 팔았으면 그날 언니는 머리가 안 아팠을지도 모르고, 내가 아니라 언니가 춘추 공의 옷고름을 꿰매 주었을지도 모르는 일이거든요."

　"네 언니한테 후회할 것 하나도 없다고 일러 주렴. 세상에 그냥 일어나는 일은 없거든. 이 세상에서 일어나는 일에는 다 이유가 있는 법이지. 보희가 네게 꿈을 팔았던 것은 그 꿈이 원래 제 꿈이 아니었기 때문에 팔았던 거야. 꿈이란 게 남의 꿈을 대신 꾸어 주기도 하는 법이거든. 시어머니가 며느리의 태몽을 대신 꾸어 주는 경우도 있고, 아내가 남편 꿈을 대신 꾸어 줄 때도 있고 말이다. 그러니 보희는 네 꿈을 대신 꾸어 주었던 것뿐이고, 네가 꿈을 샀건 안 샀건 춘추의 연분은 네가 되었을 거다."

"공주 마마의 말씀, 언니에게 그대로 전할게요. 언니가 꿈을 판 일을 후회하는 것 같았는데, 마마의 그 말씀을 들으면 마음 편해할 것 같아요."

덕만은 문희의 말을 들으면서 새삼 보희가 대신 꾸어 준 문희의 꿈에 대해 생각해 보았다.

어쩌면 그 꿈은 문희가 춘추의 아내가 되는 것 이상의 더 큰 어떤 일을 미리 알려 주고 있는 듯했다. 그것이 무엇인지는 먼 훗날 드러나겠지만, 아무튼 문희와 춘추를 혼인시킨 것은 정말 잘한 일이었다. 두 사람의 혼인으로 법민이 같은 미래의 인재를 얻었기 때문이다.

'나라를 경영하는 데 가장 중요한 일은 인재를 알아보고, 인재를 기르고, 그 인재를 발탁해 능력을 발휘하도록 해 주는 일이겠지. 증조이신 진흥 대왕께서 화랑도를 만드신 것도 바로 그처럼 인재를 기르기 위해서잖아.'

잠시 덕만도 문희도 각각 생각에 잠겨 있었다. 이윽고 덕만이 말했다.

"그나저나 낭비성에서 좋은 소식이 날아와야 할 텐데……."

얼마 전 아버지는 군사를 내어 고구려의 낭비성을 공격하게 했다. 그동안 고구려에게 일방적으로 공격만 당했는데, 더 이상 신라도 공격당하고만 있을 수는 없다는 생각에서였다.

춘추의 아버지 용춘과 유신의 아버지 서현이 바로 그 부대를 이끄는 대장군이었다. 유신은 부장군으로, 두 대장군을 돕고 있었다.

문희의 시아버지와 친정아버지 그리고 오라버니까지 모두 낭비성으로 갔으니, 덕만보다 문희가 더 걱정이 되고 궁금할 터였다.

"분명 좋은 소식이 올 거예요. 어쩐지 이번에 오라버니께서 큰 공을 세우실 것 같은 생각이 들어요."

문희가 밝은 얼굴로 말했다. 법민이 옆에서 한마디했다.

"저도 믿어요. 할아버지와 외할아버지 그리고 외숙께서 꼭 고구려군을 이기고 돌아오실 거예요."

덕만이 법민을 보며 부드럽게 웃었다.

"그래, 나도 그렇게 믿고 있단다."

김유신, 첫 번째 공을 세우다

신라의 군사가 낭비성을 공격하자 고구려군이 많은 군사를 내어 신라군과 맞서 싸웠다. 여러 번 싸운 끝에 신라군이 차츰 밀리기 시작했다.

고구려군의 사기는 하늘을 찌를 듯이 높아졌다. 반면 신라군에서는 다치거나 죽는 병사가 늘어났다. 사기도 땅에 크게 떨어졌다.

대장군 용춘과 서현은 군사를 잠시 뒤로 물렸다. 잠시 물러나 고구려군과 대치하면서 사태를 지켜보기로 한 것이다.

부장군 김유신이 진영을 살펴보니, 그렇게 물러나 있는 것이 군사들의 사기를 더 떨어뜨린 것 같았다. 병사들은 싸울 의욕마저 잃은 듯했다.

'군사들의 사기가 바닥으로 떨어졌다. 이대로 두면 위험하다. 누군가가 나서서 우리 군사들의 사기를 다시 끌어올려야 한다.'

이윽고 김유신은 아버지 서현 장군 앞에 나아가 투구를 벗고 말했다.

"지금 우리 군사가 패하고 있습니다. 저는 평소에 나라에 충성하고 어버이께 효를 다하리라, 스스로 맹세하고 또 맹세한 바 있습니다. 이제 제가 충과 효를 함께 실천할 수 있는 기회가 왔는데 어찌 머뭇거리고만 있겠나이까? 듣자옵건대 '옷깃을 들면 옷이 바로 되고, 그물의 *벼리를 당기면 그물이 펴진다.'고 하였습니다. 저는 이제 홀로 적진으로 뛰어 들어가 용맹을 보여, 그러한 옷깃과 벼리가 되고자 합니다."

아버지 서현이 결의 어린 얼굴로 고개를 끄덕였다.

"그래, 네 말이 옳다. 지금 우리 신라군의 기세는 다 꺼져 가는 불길과 같다. 누군가 나서서 불씨를 다시 일으켜, 불꽃이 활활 타오르게 해야 한다. 네가 바로 그 일을 하겠다고 나서 주니 정말 고맙구나. 네게 남다른 용맹과 충성심이 있는 줄 아비는 진작 알고 있었다. 다만 네 능력을 여태 발휘하지 못했을 뿐이니, 이제 나라와 아비를 위해 네 능력을 펼쳐 보여 다오."

김유신은 다시 투구를 쓰고 이내 말에 올라앉아 검을 빼어 들었다. 그러고는 단숨에 적진으로 달려가 적장의 목을 베어 돌아왔다.

신라군의 사기가 떨어진 것을 보고 마음 놓고 있던 고구려군은 허를 찔린 듯, 갑자기 돌진해 온 김유신의 검 앞에 제대로 대

*벼리: 그물의 위쪽 코를 꿰어 놓은 줄. 잡아당겨 그물을 오므렸다 폈다 함.

항도 못하고 우왕좌왕 흩어졌다.

　그 승리로 신라군의 사기는 하늘을 찌를 듯 높아졌다. 신라군은 승세를 타고 떨치고 일어나 고구려군을 공격했다.

　신라군의 세찬 공격에 고구려군이 밀리기 시작했다. 전세는 완전히 신라 쪽으로 기울었다. 신라군은 밀물처럼 밀려 들어가 고구려 군사 5천 명을 베어 죽이고 1천 명을 사로잡았다.

　그러자 낭비성 안의 고구려군은 크게 두려워하여 더는 저항하지 못하고 모두 나와 항복하였다. 신라군은 큰 승리를 거두고 서라벌로 돌아왔다.

　그 전투에서 가장 큰 공을 세운 사람은 물론 김유신이었다. 그것은 김유신이 전장에서 세운 첫 번째 공이기도 했다.

김유신이 공을 세운 소식을 듣고 가장 흐뭇해한 사람은 덕만 공주였다.

'잘해 주었구나, 김유신. 그대가 이번에 보여 준 것은 그대 능력의 극히 작은 부분일 테지? 그대가 신라를 위해 그 능력을 다 발휘하는 그날을 나는 기다릴 게야.'

마침내 왕위에 오르다

진평왕이 자리에 누웠다. 53년 동안 강건하게 나라를 다스려 온 왕이었지만, 세월과 늙음 앞에서 쇠약해지는 육신은 왕으로서도 어쩔 수 없는 일이었다.

이런 날을 예감한 듯 올봄에 왕은 맏딸 덕만 공주에게 왕위를 물려준다고 선포했다.

그에 대한 반발이었을까? 5월(음력) 여름에 이찬(벼슬 이름) 칠숙과 아찬(벼슬 이름) 석품이 반란을 일으키려 하였다.

다행히 왕은 그 사실을 미리 알아차리고 칠숙을 잡아들여 동쪽 *저잣거리에서 목을 베고 9족에 이르는 친척들까지 모두 죽였다. 석품은 달아났으나 결국 붙잡혀 처형당했다.

왕이 그처럼 과감하게 역심을 품은 신하들을 처단한 것은 왕위 계승에 대한 어떤 불만도 용서치 않겠다는 의지를 보여 준 것이었다. 또한 공주가 왕위에 올라 나라를 잘 다스릴 수 있도록 충성하지 않을 신하는 미리 싹을 잘라 버린 것이었다.

그렇게 여름, 가을이 가고 겨울이 왔을 때 왕은 자리에 누웠다. 왕은 이미 일흔이 넘은 노인이었다. 그동안 끊임없이 나랏일에 마음을 쓰느라 기력이 다해 버린 것이다.

*저잣거리 : 가게가 죽 늘어서 있는 거리.

덕만 공주는 왕 대신 임시로 나랏일을 보면서 수시로 왕을 뵈러 갔다.

"임금이 해야 할 가장 중요한 일은 무엇이라고 생각하느냐?"

어느 날 기력을 회복하여 자리에서 잠깐 일어나 앉은 왕이 공주에게 물었다.

"임금은 무엇보다 내 백성들을 배불리 먹여 살려야 하옵니다. 그러려면 마음 편히 농사에 전념할 수 있도록 보살펴 주고, 조세도 줄여 주고, 무엇보다 나라를 잘 지켜야겠지요. 나라가 끊임없이 전쟁에 시달리면 어찌 마음 편히 생업에 종사하며 살 수 있겠는지요. 제가 임금이 되면 어떤 경우에도 백성이 굶주리는 일만은 없도록 하고 싶습니다."

3년 전 여름에 날이 몹시 가물었다. 때문에 그해 농사는 엉망이었고, 가을과 겨울에 백성들은 굶주린 나머지 자식들을 부잣집에 종으로 보내야만 했다. 이 가슴 아픈 일을 지켜보면서 공주는 그런 결심을 했던 것이다.

"그래, 그래야지……. 넌 분명 잘할 수 있을 게다. 다만 고구려와 백제가 더욱 기승을 부려 우리 신라를 침략하지나 않을지 그게 걱정이로구나."

53년 동안 나라를 다스리면서 여러 차례 고구려와 백제의 침략에 시달렸던 진평왕이었다. 여러 성이 함락되고 많은 백성들이 잡혀갔다. 신라는 번번이 당하기만 했을 뿐 먼저 침공한 경우는 겨우 손에 꼽을 정도였다.

다행히 3년 전에는 왕이 김용춘과 김서현, 그리고 김유신이 이끄는 대규모 군대를 보내 고구려의 낭비성을 공격하게 했다. 그 싸움에서 김유신의 활약으로 신라는 큰 승리를 거두었다.

그때 김유신에게 느꼈던 신뢰가 새삼 공주의 마음속에서 되살아났다. 공주는 아버지의 손을 잡으며 또박또박 말했다.

"아바마마, 그 또한 염려 마시옵소서. 아바마마를 도왔던 신하들이 저를 계속 잘 보필해 줄 것이고, 또한 춘추와 유신 같은 젊고 유능한 신하들이 있사온데, 걱정할 일이 무엇이겠사옵니까?"

"그렇구나. 아비는 너를 믿는다. 너는 신라 최초의 여왕이 되는 것이니, 역대 어느 왕 못지않은 훌륭한 왕이 되어야 할 것이다."

"명심하겠사옵니다, 아바마마."

그렇게 잠시 기력을 되찾았던 왕은 이듬해 정월이 되자 세상

신라에서 여왕이 탄생할 수 있었던 이유

신라는 삼국 중에서 유일하게 여왕을 배출한 나라였다. 신라에서 여왕이 탄생할 수 있었던 이유는 첫째, '골품제'라는 독특한 제도가 있었기 때문이다. 골품제의 가장 높은 신분은 왕족인 성골과 진골이었는데, 특히 성골은 왕이 될 수 있는 최고 신분으로 그 수가 많지 않았다.

진평왕에게는 세 딸이 있었는데, 두 딸은 혼인하여 진골로 신분이 낮아졌고, 혼인하지 않은 맏딸 덕만이 유일하게 성골 신분이어서 왕위를 물려받아 최초의 여왕이 되었다. 그가 바로 선덕 여왕이다. 진덕 여왕 또한 마지막 남은 성골 신분이어서 선덕 여왕의 뒤를 이어 여왕이 되었다.

둘째, 신라만의 전통과 사상을 다른 나라보다 오래 지켰기 때문이다. 신라는 삼국 중에서 가장 동쪽에 치우쳐 있어서 대륙 중국의 문물을 받아들이는 일이 고구려나 백제보다 늦었다. 따라서 남성을 존중하는 가부장적인 유교를 일찍 받아들인 고구려나 백제와는 달리 자연스럽게, 또 기꺼운 마음으로 여왕을 받아들일 수 있었다.

뒷날 유교가 완전히 수입되어 신라 사회 또한 가부장적인 제도로 굳어져 진덕 여왕 이후에는 모두 남성이 왕위를 이었지만, 그래도 두 번이나 여왕이 다스렸던 전통이 있어서, 마지막으로 진성 여왕이 한 번 더 왕위에 올랐다.

신라가 삼국을 통일한 데에는 김춘추의 외교와 김유신의 전술, 화랑 제도로 인재를 잘 등용한 일 등 여러 가지 요인이 있었다. 거기에 더해 여성을 존중하고 자연적인 생명력을 중요하게 생각했던 신라 고유의 사상과 전통 또한 중요한 밑거름이 되었다.

을 떠났다. 신하들은 왕을 한지 땅에 장사 지내고 '진평'이라는 시호를 올렸다.

 뒤이어 진평왕의 맏딸 덕만 공주가 임금의 자리에 올랐다. 쉰을 갓 넘긴 나이에 왕위에 오른 덕만 공주가 바로 우리나라 최초의 여왕, 선덕 여왕이다.

여왕의 예지력

향기 없는 모란꽃

서기 632년 봄, 당나라 임금 태종이 신라에 사신을 보냈다. 진평왕의 뒤를 이어 여왕이 즉위한 일을 축하하기 위해 보낸 사신이었다.

사신은 축하 선물로 그림 한 장과 씨앗 석 되를 가져왔다. 그림에는 붉은빛, 흰빛, 자줏빛 모란 세 송이가 그려져 있었다. 사신이 바친 것은 그 모란꽃 씨앗이었다.

여왕은 그림을 자세히 살펴본 다음, 신하들에게 말했다.

"필시 이 모란꽃에는 향기가 없을 것이오."

"폐하, 어찌 그리 생각하시는지요?"

"그림을 자세히 보라. 꽃이 탐스럽게 피었는데도 나비가 없지 않은가? 향기 없는 꽃에는 나비가 날아들지 않는 법, 그림에 나비를 그리지 않은 것은 이 꽃이 향기가 없기 때문일 게야."

여왕은 궁궐 뜰에 씨앗을 심게 했다. 과연 얼마 뒤 꽃이 피었는데, 향기가 없어 나비가 날아들지 않았다.

'당나라 임금이 하필이면 향기 없는 모란꽃 그림과 씨앗을 보낸 것은 남편도 없는 내가 임금의 자리에 오른 것을 조롱하는 것이다. 우리 신라가 당나라만큼 강한 나라였다면 감히 이런 조롱은 하지 못하였으리. 내 반드시 신라를 당나라에 맞서는 강한 나라로 만들어 큰 나라의 오만을 도리어 비웃어 주리라.'

여왕은 그해에 분황사를 짓게 했다. 그해 겨울에는 조정 대신들을 여러 지방으로 보냈다. 가난하고 어려운 백성들을 보살피기 위해서였다.

"특히 나라 안의 홀아비와 과부, 고아와 자식 없는 늙은이, 그리고 제 힘으로 살 수 없는 백성들을 찾아가 위로하고 곡식을 내리도록 하라. 또한 그런 백성들에게는 세금을 면제해 줄 것이며, 마을 촌장에게 일러 앞으로도 계속 보살펴 주어야 할 것이로다."

"폐하의 분부대로 시행하겠나이다."

조정의 두 대신이 여러 지방을 돌면서 가난하고 살기 힘든 백성들을 보살피고 돌아왔다. 백성들은 여왕의 어머니 같은 자상하고 어진 정치에 감동하고 또 기뻐워했다.

12월에는 당에 선물과 함께 사신을 보냈다.

　여왕 3년, 마침내 분황사가 완성되었다. 여왕은 분황사를 짓는 데에 다른 절보다 더 공을 들였다. 다른 절처럼 불심으로 백성들이 한마음이 되고 부처님의 도우심으로 신라가 강한 나라가 되기를 기원하면서 지은 것은 마찬가지였지만, 거기에 더해 남다른 의미가 있었다.

무엇보다 분황사는 여왕의 권위와 다른 어떤 임금 못지않게 나라를 잘 다스릴 수 있다는 자신감이 담겨 있는 절이었다. 그래서 분황사는 절의 규모가 컸고, 절을 지은 솜씨 또한 격이 높았다.

특히 분황사 석탑은 안산암을 벽돌 모양으로 다듬어 9층이나 되게 높이 쌓은 탑으로, 자연석으로 된 1층 기단 네 귀퉁이에는 나라를 지켜 줄 수호 동물들을 조각해 놓았다. 동해가 바라보이는 쪽에는 두 마리 물개가 서 있고, 내륙을 향해서는 두 마리

국보 제30호 분황사 석탑

사자가 버티고 있었다. 물개는 동해로 쳐들어오는 왜구의 침입을 막기 위한 것이고, 사자는 내륙으로 쳐들어오는 적들을 막기 위한 것이었다. 또한 분황사 우물은 겉모양은 팔각이고 안은 둥근 원통 모양인데, 여왕은 그 우물에 나라를 지키는 용이 깃들기를 기원했다.

분황사. '향기로운 황제의 절'이라는 뜻을 가진 분황사는 자신을 향기 없는 꽃에 빗댄 당나라 임금에게 보내는 답이기도 했다.

'너희 당나라는 오직 힘을 가졌을 뿐이지만, 나는 그 힘을 이길 수 있는 향기로운 지혜를 가졌다. 나는 그 지혜로 우리 신라를 반드시 지켜, 크고 강한 나라로 만들 것이다.'

분황사를 낙성한 그해 여왕은 '인평'이라는 연호를 쓰기 시작했다. 아버지 진평왕의 '건복'에 이어 여왕의 시대가 시작되었음을 당당히 알리는 연호였다.

옥문지의 개구리 떼

여왕은 농사를 짓는 데 천문 관측이 반드시 필요하다는 판단에 따라 첨성대를 지었다. 별을 관측하여 일기를 예측하고 그

👑 첨성대

신라 선덕 여왕 때 지어진 것으로 알려진 첨성대는 동양에서 가장 오래된 천문대로 국보 제31호이다. 현재 경주시 인왕동에 있으며 높이가 9미터에 이른다. 첨성대의 '첨성'은 '별을 살핀다'는 뜻이다. 첨성대는 별을 관측하기가 불편하다는 이유로 한때는 제사를 지내는 제단이라는 학자들의 주장이 있었으나, 지금은 천문대로 인정하고 있다.

첨성대는 받침대인 기단부 건축물의 터를 반듯하게 다듬은 다음에 터보다 한 층 높게 쌓은 단 위에 술병 모양의 몸통을 올리고, 그 위에 우물 정자 모양의 사각 기단을 올려 만들었다. 아래위 사각 기단을 뺀 전체 몸통 돌의 수는 세는 사람에 따라 362개서 366개가 되는데, 이는 1년을 상징한다. 또 몸통의 단층 수는 27층으로, 이는 27대 임금인 선덕 여왕을 상징한다. 몸통의 단층과 기단을 합치면 28층이 되는데, 이는 28수 별자리를, 맨 아래 기단으로부터 창 아래까지는 12단인데, 이는 한 해를 각각 상징한다고 한다.

첨성대의 전체 높이는 31단인데, 여기에 하늘과 땅을 더해 모두 33단이 된다. 33은 불교에서 도리천을 뜻하는데, 도리천에 다시 태어나기를 원했던 선덕 여왕의 간절한 바람이 이 첨성대에 깃들어 있는 셈이다.

에 따라 가뭄과 홍수에 대비하면 한 해의 농사를 크게 망치거나 흉년이 드는 일은 없을 터였다.

여왕 즉위 4년에 당나라 임금이 사신을 보내 여왕을 신라 왕으로 봉했다. 여왕은 그것을 담담하게 큰 나라와 작은 나라 사이의 외교적인 절차로 받아들였다.

여왕 즉위 5년째 되던 해 5월이었다.

조원전에서 *어전 회의를 할 때, 대신 한 사람이 영묘사 주지가 알려 온 소식을 여왕께 아뢰었다.

"영묘사 옥문지에 수많은 개구리가 떼 지어 몰려들어 지난 사나흘 동안 시끄럽게 울었다 하옵니다."

"영묘사 옥문지에서 개구리 떼가 울었다고?"

여왕이 혼잣말처럼 반문했다. 지난 3월에 병이 난 뒤로 두 달 가까이 고생하다 이제 겨우 회복된 터라 여왕의 낯빛은 해쓱했지만 눈빛만큼은 맑게 빛나고 있었다.

"영묘사는 조상들과 호국 영령들을 모시는 사찰이옵니다. 그곳 옥문지에서 개구리가 시끄럽게 울었다는 것은 나라에 변고가 있음을 알려 주는 조짐이 아닐는지요?"

상대등 수품이 아뢰었다. 상대등은 국정을 책임지는 최고 벼슬로, 올 정월에 여왕은 이찬(관등 2위 벼슬) 수품을 상대등에 임명했다.

"짐도 같은 생각이오."

여왕은 잠시 생각에 잠겼다. 나라에 변고라면 크게 세 가지로

*어전 회의 : 임금 앞에서 중신들이 모여 국가 대사를 의논하던 회의.

생각해 볼 수 있다.

첫째는 농사를 망쳐 백성들이 굶주리는 일이다. 요즘 일기는 고르고 비도 알맞게 와서 백성들이 부지런히 농사를 짓고 있으니, 이는 아닌 듯했다.

둘째는 나라 안에서 반역이 일어나는 일이다. 이 역시 해당되는 일은 아닌 듯했다. 지금 대신들은 어느 때보다 마음을 합쳐 여왕을 잘 보필하고 있다.

여왕은 새삼스레 맨 앞자리에 선 상대등과 좌우로 늘어선 대신들을 둘러보았다. 모두 믿음직한 신하들이었다.

그렇다면 마지막으로 생각할 수 있는 변고는 적군이 쳐들어오는 일이다.

지금 신라의 적국은 북쪽에 있는 고구려와 서쪽에 있는 백제다. 특히 백제는 아버지 진평왕 시절부터 빈번히 쳐들어와 끈질기게 신라를 괴롭히곤 했다. 3년 전 8월에도 백제는 서곡성(충북 괴산군 청안면)을 침공하여 13일 만에 성을 함락시킨 일이 있었다.

"짐의 생각에 개구리 떼가 알려 주는 변고는 적군의 침략이 아닌가 하오. 개구리의 성난 눈이 병사의 모습과 같으니, 더욱 그런 생각이 드는구려. 지금 우리의 가장 큰 적은 백제이니 아마도 백제군이 신라 땅 어딘가에 침범했을 것이오. 하필 개구리가 옥문지에서 울었다는 것은 옥문지와 지명이 같은 곳에 병사가 숨어 있다는 뜻 같소."

여왕의 조리 있는 말에 대신들은 잠자코 머리를 조아렸다. 여왕은 생각을 계속했다. 적군은 주로 성을 공격한다. 그렇다면 백제군이 숨어 있는 곳은 어느 성 가까운 곳일 것이다. 이윽고 여왕이 다시 말을 이었다.

"우리 신라의 성들 중에서, 성 근처에 옥문지와 같은 뜻을 가진 지명이 있는 곳이 있소?"

"예, 독산성 뒤편 부산(富山) 아래 여근곡이라는 작은 산이 있사옵니다. 달리 옥문곡이라고도 부르는 산입니다. 폐하의 말씀을 듣고 보니, 숨어 있다 독산성을 습격하기에 딱 좋은 장소입니다."

각간(벼슬 이름) 필탄이 얼른 대답했다. 필탄은 장군이어서 신라의 성들과 그 주변 지리를 훤히 꿰고 있었다. 여왕의 얼굴에 그늘이 내렸다.

"독산성이라면 서라벌 서쪽 교외에 있는 성이 아니오? 백제군이 정말 그곳까지 침투했다면 적군이 바로 코앞까지 왔다는 얘기잖소. 큰 변고구려. 알천 장군과 필탄 장군은 속히 날래고 용맹한 병사 2천 명을 뽑아 여근곡을 수색하도록 하오."

알천과 필탄은 병사 2천 명을 거느리고 여근곡(경주시 건천읍 신평2리)으로 달려갔다. 과연 그곳에 백제 군사 5백 명이 독산성을 습격하려고 숨어 있었다. 신라군은 이내 여근곡을 습격하여 백제군을 모두 사로잡거나 죽였다. 남산 고개에 숨어 있던 백제 장군 우소도 활로 쏘아 죽였다. 뒤이어 쳐들어온 백제 군사 1천2백 명도 다 물리쳤다.

여왕의 지혜로 서라벌 가까이 쳐들어온 백제군을 물리쳤다는 소문은 빠르게 나라 안 곳곳으로 퍼져 나갔다. 백성들은 다시금 감탄하며 여왕을 칭송했다.

"당나라 임금이 보낸 모란꽃 그림만 보고도 향기가 없는 걸 알아맞히시더니, 이번엔 백제 군사가 숨어 있는 곳까지 정확하게 알아맞히셨대. 역시 우리 폐하는 하늘이 내신 분이야."

백제의 끊임없는 침공

대야성이 무너지다

여왕 즉위 11년, 서기 642년 여름이었다.

한창 뜨거웠던 여름이 막 끝나 갈 무렵, 백제 의자왕이 직접 군사를 거느리고 신라로 쳐들어왔다. 의자왕이 이끄는 백제군은 미후성(충남 금산군 진산면)을 함락시키고 40여 개 성을 빼앗았다. 여근곡에 숨어 있다가 신라군에게 크게 패한 뒤, 6년 만에 백제는 대대적으로 신라를 침공해 큰 승리를 거둔 것이다.

전령이 말을 타고 나는 듯이 서라벌로 달려와 그 소식을 조정에 전했다.

　마침 대신들을 모아 놓고 어전 회의를 하고 있던 여왕은 전령이 다급하게 쏟아 내는 참담한 소식에 할 말을 잃었다. 대신들도 갑자기 눈앞에서 땅이 꺼져 버린 듯한 충격에 입을 열지 못했다.

　4년 전 고구려가 칠중성(경기도 파주시 적성면)에 쳐들어온 적이 있지만 그때는 알천 대장군이 고구려군을 크게 무찔렀다. 성도 온전히 지켰다. 이처럼 성을 40여 개나 빼앗긴 일은 여왕이 즉위한 이래 처음 있는 엄청난 사건이었다. 게다가 신라는 지금 당장 백제와 싸워 빼앗긴 성을 되찾을 만한 힘이 없었다. 대신들은 입이 있어도 말을 아낄 수밖에 없었다.

　지난 해 무왕의 뒤를 이어 새로 임금 자리에 오른 의자왕은 신라 침공을 미리 준비해 왔다. 밖으로는 당에 사신을 보내 외교 관계를 단단히 하고 안으로는 백제의 여러 지방을 순행하면서 억울한 죄수들은 *방면했다. 민심을 미리 다독여 놓은 것이다.

　그런 다음 해묵은 원한을 한꺼번에 갚아 버리겠다는 듯이 대대적으로 신라로 쳐들어와 신라의 성을 40여 개나 빼앗았다.

　"다음 차례는 당항성이라 하옵니다. 백제 의자왕이 고구려와

*방면 : 붙잡아 가두어 두었던 사람을 놓아 줌.

*모의해 당항성을 칠 작정이라 하였사옵니다."

대신들이 침묵만 지키고 있자 전령이 서둘러 다시 여왕에게 아뢰었다.

"확실한 사실이냐?"

여왕이 소리 높여 물었다.

"빼앗긴 우리 성에 주둔하고 있는 백제군 사이에 쫙 퍼져 있는 소문이라 하옵니다. 백제군을 피해 겨우 살아온 사람들이 한결같이 하는 말이옵니다."

당항성을 빼앗기면 신라는 당나라와 연락할 길이 끊어지고 완전히 *고립무원의 처지가 된다. 만약 백제가 고구려와 손을 잡고 당항성을 빼앗은 다음 신라를 공격한다면, 신라는 바람 앞의 촛불처럼 위태로워질 것이다.

"대신들은 방책을 말해 보라. 속언에 호랑이에게 물려 가도 정신만 차리면 산다고 했느니……."

여왕이 표정을 가다듬고 담담하게 대신들을 바라보며 물었다.

"우선 당나라에 사신을 보내 신라의 위급한 처지를 알리고, 당항성에 원군을 보내 경계를 철저히 해야 하옵니다. 지금 우리 신라 안에도 분명 백제의 간자(첩자)가 들어와 있을 것인즉,

*모의 : 어떤 일을 꾀하고 의논함.
*고립무원 : 고립되어 구원을 받을 데가 없음.

우리가 당나라에 사신을 보냈다는 사실을 알게 되면 의자왕도 쉽사리 당항성을 공격하지는 못할 것이옵니다."

대신들을 대표하여 상대등이 말했다. 여왕이 고개를 끄덕였다. 지금은 당항성을 철저히 지키고 당나라에 사신을 보내는 것 말고는 달리 방도가 없었다.

여왕은 우선 당나라에 사신을 보내 신라의 위급한 처지를 알리기로 하고, 김유신 장군의 부대를 당항성으로 보냈다.

하지만 그것은 백제의 전략이었다. 신라에서 당에 사신을 보낸 사이, 의자왕은 장군 윤충에게 1만5천 명이나 되는 병사를 주어 대야성(경남 합천군)을 공격하게 했다.

또다시 날아든 백제의 대야성 공격 소식에 조정은 큰 충격에 휩싸였다. 대야성은 신라에게 아주 중요하고도 큰 성이었다. 대야성이 함락되면 물자가 풍부한 옛 가야 지역 땅을 잃게 될 뿐 아니라 도성 서라벌까지 위험해진다.

하지만 지금 조정에서는 원군을 보낼 처지가 아니었다. 김유신 장군의 부대는 당항성을 지키러 갔고, 서라벌에는 알천 장군의 부대가 있을 뿐이었다. 대야성이 아무리 위급해도 도성을 지키는 군사들을 보낼 수는 없었다.

여왕은 조정 대신들을 모아 놓고 회의를 했다.

"대야성의 군사가 고작 3천인데, 3천으로 1만5천 명의 백제 군사를 당해 낼 수 있겠소?"

여왕의 목소리가 바싹 마른 가랑잎처럼 버석거렸다.

"대야성은 군량이 넉넉하니, 성문을 굳게 잠그고 농성하면 오래 버틸 수 있을 것이옵니다. 그사이에 당에 갔던 사신이 돌아올 것이니, 사신의 말을 들어 보고 당항성이 안전하다 싶으면 김유신 장군의 부대를 대야성으로 보내 성을 구하심이 마땅할 듯하옵니다."

여왕도 대신들도 대야성이 오래오래 버텨 주기를 바랐다. 그것 말고는 달리 할 수 있는 일이 없었다.

한편 대야성에서도 구원군이 쉽사리 올 형편이 아니란 것을 알고 준비에 들어갔다.

그런데 대야성 성주 김품석은 예쁜 여자를 유난히 좋아했다. 백제군이 쳐들어오기 얼마 전에 품석은 자신의 *비장인 검일의 아내가 아름다운 것을 보고, 그 여자를 빼앗은 일이 있었다. 성주에게 강제로 사랑하는 아내를 빼앗긴 검일은 품석에게 깊은 원

*비장: 장군이 거느리던 장수.

한을 품고 있었다.

　마침 백제군이 쳐들어와 성을 포위하자 검일은 품석에게 복수하기로 결심하고 밤에 성을 몰래 빠져나가 백제 장군 윤충을 만났다.

　"저는 대야성 성주 품석에게 사사로운 원한이 있습니다. 이번에 마침 백제군이 쳐들어왔으니, 백제군과 함께 품석에 대한 원한을 갚고자 하옵니다."

　"네가 대야성을 함락시키는 데에 공을 세우기만 한다면 너를 우리 백제군의 장수로 받아 주마. 헌데 네게 대야성을 함락시킬 묘책이라도 있느냐? 이 밤에 대담하게 나를 찾아온 것을 보면 분명 그런 묘책이 있는 듯하구나."

　"대야성이 오래 버틸 수 있는 것은 식량 창고에 곡식이 가득 들어 있기 때문이옵니다. 이제 제가 다시 성으로 들어가 식량 창고에 불을 지를 것이니, 성 안에서 연기가 오르면 이내 성을 공격하시옵소서. 식량 창고를 잃으면 성주 품석도 오래 버티지는 못할 것이옵니다."

　"좋다. 네가 식량 창고에 불을 지르기만 한다면 너를 내 비장으로 삼겠다."

얼마 뒤 검일은 성으로 돌아갔고, 이내 매캐한 연기가 대야성 가득 퍼졌다. 사람들이 놀라 우왕좌왕하면서 불을 끄려 했지만 불길은 세차게 타올라 식량 창고를 모두 다 태우고 말았다. 거기에 응답하듯 윤충은 더욱 극심하게 성을 공격했다.

날이 밝았다.

잠시 공격을 멈추었던 백제군이 다시 맹렬하게 성을 공격했다. 신라군은 있는 힘을 다해 싸웠지만 역부족이었다. 무엇보다 성을 지킬 수 있는 군사의 수가 너무 적었다. 게다가 식량 창고는 다 타 버렸고, 인심은 흉흉해질 대로 흉흉해졌다. 백성들은 근심과 두려움에 휩싸여 싸울 뜻을 잃었다. 시간이 흐를수록 부상당하고 죽는 병사만 늘어 갔다.

품석의 보좌관 서천이 마침내 품석에게 말했다.

"더 이상 성을 지킬 수가 없습니다. 차라리 항복하여 훗날을 기약하는 것이 좋을 듯합니다."

품석으로서도 별다른 방법이 없었다. 품석은 서천에게 윤충과 *교섭하라 일렀다. 서천은 성의 높은 장대에 올라가 성 밖에 있는 윤충을 보며 크게 소리쳤다.

"만약 장군께서 우리를 죽이지 않는다면 성문을 열어 항복

***교섭** : 어떤 일을 이루기 위하여 서로 의논하고 절충함.

하겠소."

"저 밝은 해를 두고 맹세하건대, 그대들이 항복한다면 반드시 살아남아 우리 백제와 더불어 좋은 날을 볼 수 있을 것이다."

서천이 윤충의 맹세를 전하면서 성주 품석과 여러 병사들에게 어서 성문을 열고 나가 항복하자고 권했다.

그러자 죽죽이 나섰다. 벼슬이 사지인 죽죽은 대야성 사람으로 품석을 보좌하고 있었다. 죽죽이 말했다.

"백제는 늘 말을 뒤집어 배신하는 나라인지라 믿을 수 없습니다. 지금 윤충은 달콤한 말로 우리를 꾀고 있을 뿐입니다. 속아서는 안 됩니다. 만약 성을 나가면 반드시 저들에게 죽임을 당할 것이니, 항복하여 삶을 구걸하는 것보다는 용감하게 싸우다 죽는 것이 신라의 대장부다운 일입니다."

그러나 품석은 죽죽의 말을 듣지 않고 성문을 열어 병사들을 먼저 내보냈다. 그러자 백제군은 복병을 내보내 성문 밖으로 나오는 신라 병사들을 다 죽여 버렸다.

뒤늦게 사실을 알게 된 품석은 자신의 어리석음을 뉘우쳤지만 이미 엎질러진 물이었다. 윤충은 항복하는 품석과 그의 처자식을 함께 처형했다.

백제군이 항복하러 나간 품석 부처와 병사들을 모두 죽였다는 말을 전해 들은 죽죽은 얼른 성문을 닫고 남은 군사들을 거두어 공격해 오는 적들을 막았다. 하지만 힘이 크게 부쳤다. 죽는 병사가 늘어만 가고 성은 거의 함락 직전에 이르렀다. 백제군들은 계속해서 항복하라고 함성을 질러 댔다.

 사지 용석이 죽죽에게 말했다.

 "이미 전세는 기울었으니 도저히 성을 보전할 수 없겠소. 차라리 항복하고 살아 후일을 도모하는 것이 나을 듯하오."

 "그대의 말도 일리는 있소. 허나 내 아버지께서 내게 '죽죽'이라는 이름을 지어 주신 것은 날씨가 추워도 대나무처럼 시들지 말며 꺾일지언정 굽히지는 말라는 뜻이었으니, 어찌 죽음이 두려워 구차하게 항복하여 삶을 도모하겠소?"

 "그대의 말이 옳소. 내 잠시 어리석은 생각을 했소."

 죽죽은 힘껏 싸우다가 마침내 성이 무너지자 용석과 함께 장렬하게 전사했다.

 백제군은 성 안으로 물밀듯이 밀려 들어와 약탈하고 불을 지르고 부녀자들을 욕보였다. 대야성은 순식간에 아수라장이 되었다.

윤충은 성주 품석과 그 아내 고타소의 목을 베어 백제의 도성으로 보냈다. 병사들은 그것으로 성왕의 원수를 갚았다면서 함성을 질렀다. 얼마 뒤 윤충은 대야성 백성 1천여 명을 사로잡아 백제로 돌아갔다. 대야성은 윤충 휘하의 장수와 많은 병사들이 남아서 지키게 되었다.

고구려로 간 김춘추

대야성 함락 소식은 신라 조정에 큰 충격을 안겨 주었다. 대야성이 무너진 것은 적이 바로 앞마당까지 몰려와 있는 것이나 다름없었다.

요새인 대야성이 무너지다니, 대체 성주 품석은 무얼 했단 말인가. 여왕도 대신들도 백성들도 모두 할 말을 잃었다. 나라 전체가 분노와 근심에 휩싸였다.

특히 이찬 김춘추의 분노와 비탄은 헤아릴 수 없을 만큼 크고 깊었다. 대야성 성주 김품석은 김춘추의 사위였고, 품석의 아내 고타소는 그가 무척이나 사랑하는 맏딸이었기 때문이다.

김춘추는 대야성에서 고타소가 죽었다는 소식을 듣고는 하루 종일 기둥에 기대 선 채 꼼짝도 하지 않았다. 누가 앞을 지나가도 알아차리지 못했다. 그러다 문득 김춘추는 정신이 번쩍 든 듯 분노에 찬 말을 내뱉었다.

"아, 대장부가 어찌 백제를 멸하지 않을 것인가!"

대야성 함락 소식을 듣자마자 당항성을 지키러 갔던 김유신 장군의 부대도 서라벌로 돌아왔다. 얼마 뒤에는 당에 갔던 사신도 별 소득 없이 돌아왔다.

여왕은 죽죽과 용석이 대야성 전투에서 끝까지 싸우다 죽었다는 소식을 전해 듣고 몹시 슬퍼하면서 죽죽에게 급찬 벼슬을 다시 내렸다. 용석에게는 대나마 벼슬을 *추증했으며, 그들의 처자에게 상을 내리고 서라벌로 옮겨 와 살게 해 주었다.

그런 다음 여왕은 어전 회의 때 대신들에게 말했다.

"신라는 나라를 위해 싸우다 죽은 사람들을 결코 잊지 않을 것이오. 남은 식구들은 나라에서 끝까지 돌봐 줄 것이며, 그들의 시신이 적국 땅에 있다면 언젠가는 반드시 찾아올 것이오. 제 백성을 챙기지 않는 나라, 나라를 위해 목숨 바친 용사들을 기억하지 않는 나라는 결코 좋은 나라라고 할 수 없소. 대야성 성주 품석이 비록 끝까지 성을 지키지 못한 허물이 있다 하나 그 또한 나라를 위해 성을 지키다 죽은 것이니, 백제의 도성에 가 있는 품석과 그 아내 고타소의 유골 또한 언젠가는 반드시 찾아올 것이오."

품석과 고타소의 유골을 찾아오겠다는 말은 여왕의 의지이면서 또한 비탄에 잠겨 있는 조카 춘추를 위로하는 말이기도 했다.

겨울이 왔다. 대야성을 빼앗긴 여왕에게는 유난히 추운 겨울이었다.

* 추증 : 나라에 공로가 있는 벼슬아치가 죽으면, 뒤에 벼슬의 등급을 높여 주던 일.

*조원전 어전 회의 때 김춘추가 여왕에게 아뢰었다.

"폐하, 신을 고구려로 보내 주시옵소서. 고구려에 군사를 청하여 빼앗긴 대야성을 되찾고 백제에 대한 원한을 갚고자 하옵니다."

"공은 어떻게 군사를 청하려 하는가? 고구려는 여전히 우리와 사이가 좋지 않은 이웃이거늘……."

공식적인 자리인지라 여왕은 여느 신하에게 말하듯 김춘추에게 말했다.

"고구려 왕과 담판을 짓겠사옵니다. 고구려와 신라가 동맹을 맺어 두 나라 사이의 전쟁을 끝내고 같이 백제를 치자고 설득하겠사옵니다. 하면 고구려도 신라도 강해지고 함께 힘을 합쳐 당나라에 맞설 수도 있을 것이라 설득할 것이옵니다."

"공은 고구려 왕이 그 담판에 응하리라고 보는가?"

"담판에 응하도록 최선을 다해 설득을 해야지요. 이대로 백제에게 계속 당하고만 있을 수는 없사옵니다."

그러자 비담이 반대하고 나섰다. 비담은 대신들 중 연장자로 벼슬은 춘추와 같은 이찬이었지만, 최고 관등인 상대등 못지않은 세력가였다. 비담은 진평왕 때부터 조정에서 일해 온 구 대

*조원전: 신라 시대 때 왕이 나와서 조회를 하던 궁전.

신이었다. 구 대신들은 폐위된 진지왕의 손자인 김춘추가 여왕 즉위와 함께 조정의 새로운 세력으로 커 가고 있는 것을 달가워하지 않고 있었다.

"폐하, 고구려에 군사를 청하고자 하는 춘추 공의 심정, 신도 충분히 이해는 하옵니다. 대야성 성주 품석이 제대로 싸우지도 않고 성을 윤충에게 바쳤으니 춘추 공도 폐하께 면목이 없을 것이옵니다. 군사를 청해 성을 되찾을 수만 있다면 섶을 지고 불 속에라도 뛰어들고 싶은 심정이겠지요."

은근히 뼈 있는 말이었다. 김춘추뿐 아니라 여왕이 듣기에도 껄끄러운 말이었다. 사실 비담과 염종 등 구 세력들은 춘추의 사위인 품석을 대야성 성주로 임명한 일에 대해 불만이 많았다. 결과만 놓고 보면 그들의 판단이 옳았던 셈이어서 여왕은 비담의 말을 잠자코 듣고만 있었다. 김춘추 역시 눈을 부릅뜨고 비담을 쏘아보았을 뿐, 반박하지는 않았.

비담이 계속 말했다.

"지금 고구려는 나라 안 정세가 매우 불안하옵니다. 그런 중대한 담판을 지으러 가기에는 때가 좋지 않사옵니다."

그 무렵 고구려에서는 연개소문이 임금을 죽이고 임금의 아우 '장'을 새 임금으로 세운 뒤, 스스로 막리지가 되었다. 막리지는 신라로 치면 상대등처럼 임금 다음가는 자리지만 지금 연개소문의 권력은 임금보다 막강했다. 고구려의 정세가 불안하다는 것은 그것을 두고 하는 말이었다.

"지금까지 고구려는 언제나 사신이 가기 힘든 나라였고, 담판하기도 쉽지 않은 나라였습니다. 새삼 더 어려울 것도 없고, 위험할 것도 없사옵니다. 이대로 계속 백제에게 당하는 것보다는 무슨 일이든지 시도해 보아야 하지 않겠사옵니까, 폐하?"

김춘추가 여왕을 바라보며 간절하게 말했다.

여왕은 잠시 생각했다.

'지금 우리 신라가 도움을 청할 수 있는 나라는 당나라와 고구려뿐이다. 당나라는 너무 멀리 있고 또 대국이어서 그 힘을 빌리려면 우리가 너무 많은 대가를 치러야 한다. 아무래도 당나라보다는 고구려와 손을 잡는 것이 여러모로 나아. 고구려와 손을 잡으면 백제를 충분히 견제할 수 있고, 그 동맹이 깨어지지 않는 한 평화도 보장되니까.'

여왕은 마음을 정하고는 김춘추가 고구려에 가는 것을 허락했다. 그런 다음 김유신을 압량주(경북 경산시) *군주로 임명했다.

---

*군주(軍主) : 신라 시대 각 주의 군사와 행정을 총괄하던 지방 장관.

이제 김유신은 서라벌과 압량주를 오가며 서라벌 일대를 방어하는 막중한 책임을 떠맡게 되었다. 그것은 그만큼 신라 조정에서 차지하는 김유신의 자리가 커졌다는 뜻이기도 했다.

김춘추는 김유신의 승진을 당연하게 여기고 반겼지만 구 대신들은 그리 달가워하지 않았다. 김유신의 세력이 커진다는 것은 그만큼 김춘추의 세력이 커지는 것이나 마찬가지였으니, 구 대신들로서는 아무래도 마음이 편치 않았던 것이다.

이윽고 고구려로 떠날 무렵, 김춘추는 김유신을 만나 물었다.

"나와 공은 한마음 한뜻으로 나라를 위해 일해 왔소. 이번에 만약 내가 고구려에 들어가 돌아오지 못한다면 공께서는 어찌하실 것입니까?"

"만약 공이 돌아오지 못한다면 내 말의 말발굽이 반드시 고구려와 백제의 궁궐을 짓밟을 것이오. 만약 그리하지 못한다면 무슨 낯으로 폐하와 백성들을 보겠소?"

김춘추는 감격하여 김유신과 함께 손가락을 깨물어 피를 머금고 맹세했다.

"내가 일정을 헤아려 보니 60일이면 돌아올 것이오. 만약 이 기한이 지나도록 오지 않는다면 우린 다시 만나지 못할 것이오."

"피로써 맹세하노니, 공이 돌아오지 못하는 일은 결단코 없을 거요."

김유신이 천금 같은 무게를 실어 또박또박 말했다.

김춘추는 충실한 심복 훈신을 데리고 북쪽 고구려를 향해 떠났다.

김춘추 일행이 신라 땅 대매현에 이르렀을 때였다. 그 지방 세력가인 '두사지'라는 사람이 춘추 일행이 온 것을 알고 자신의 집으로 초청했다.

그곳에서 하룻밤을 묵고 다시 길을 떠나려 하자 두사지가 푸른 베 3백 보를 김춘추 앞에 내놓았다.

"귀한 분을 제대로 대접하지 못해 송구하옵니다. 약소하오나 제 마음의 선물이니 받아 주십시오."

김춘추가 손사래를 쳤다.

"나는 지금 나라의 중요한 일로 고구려에 사신으로 가는 길이오. 이런 선물은 받을 수 없소."

그러자 옆에 있던 훈신이 얼른 말했다.

"정성스러운 마음의 선물이니 받아 두십시오. 혹시 고구려에서 요긴하게 쓰일지도 모르지 않습니까?"

김춘추는 훈신의 말도 일리가 있다 싶어서 푸른 베를 받아 말에 싣고 다시 길을 떠났다.
　　이윽고 두 사람은 국경을 넘었다. 국경을 지키는 고구려 장수에게 사신으로 왔음을 밝히자, 장수는 병사를 붙여 김춘추 일행을 평양성으로 보내 주었다.
　　김춘추가 평양성에 이르자 고구려 왕은 대신을 보내 춘추 일행을 맞이하게 했다. 그런 다음 잔치를 열어, 연개소문과 함께 김춘추를 융숭하게 대접했다. 연회에 참석했던 신하 한 사람이 김춘추를 유심히 살피더니 연회가 끝난 다음 고구려 왕과 연개소문에게 조용히 말했다.
　　"이번에 온 신라 사신은 예사 인물이 아닙니다. 이번에 그가 온 것은 아마도 우리 고구려의 형세를 살피고자 함일 것입니다. 대왕께서는 부디 그 점을 헤아리셔서 후환이 없게 하소서."
　　"나도 그리 보았소."
　　연개소문이 침착하게 말하고는 고구려 왕을 바라보았다.
　　"대왕께서는 신라 사신이 결정짓기 어려운 문제를 내어 우선 그를 *억류해 두는 것이 좋겠습니다. 후환을 어떻게 없앨지는 좀 더 두고 본 다음에 결정하시지요."

***억류** : 억지로 머무르게 함.

다음 날 김춘추는 고구려 왕을 만났다.

"지금 우리 신라는 백제의 계속되는 침공을 받아 큰 어려움에 처해 있습니다. 고구려 또한 당나라와 자주 전쟁을 하는 것으로 알고 있습니다. 만약 고구려가 우리 신라와 군사 동맹을 맺어 백제와 당나라를 함께 막는다면 두 나라에 서로 이익이 되지 않겠는지요?"

고구려 왕은 잠시 생각해 보는 듯하더니 이렇게 말했다.

"두 나라가 군사 동맹을 맺으려면 서로 셈이 분명해야 하오. 그래야 서로 신뢰가 쌓일 것이 아니겠소?"

"셈이라니, 어떤 셈을 말씀하시는 것인지요?"

"아리수 유역의 마목현과 죽령 땅은 지난날 고구려 땅이었소. 그런데 오래전 신라의 진흥왕이 그 땅을 빼앗아 갔소. 그 땅을 먼저 내놓지 않으면 아무것도 협상할 수 없소."

고구려 왕의 무리한 요구에 김춘추의 얼굴이 돌처럼 굳어졌다. 아무래도 고구려 왕은, 아니 연개소문은 신라와 협상할 생각이 없는 것 같았다.

김춘추는 마음을 가다듬고 차분하게 말했다.

"저는 다만 사신으로 왔을 뿐입니다. 우리 임금의 허락도 없이 그런 중대한 일을 어찌 일개 사신이 결정한단 말입니까?"

그러자 고구려 왕은 버럭 화를 냈다.

"그렇다면 협상도 없고, 사신 또한 신라로 돌아갈 수 없소. 사신에 대한 예의로 감옥에 가두지는 않겠지만 묵고 있는 *객관에서 이제부터 한 발짝도 벗어날 수 없을 것이니 그리 아시오."

그날부터 김춘추는 객관에서 감옥살이 아닌 감옥살이를 하게 되었다. 고구려 왕은 김춘추를 평양성 객관에 억류해 두고 죽일 구실을 찾아보았으나 별다른 방법이 없었다. 아무리 적국이라 해도 사신을 죽이는 것은 나라 사이의 도리가 아니기 때문이었다.

김춘추가 약속한 60일이 지나도 돌아오지 않자 김유신은 여왕에게 아뢰었다.

"용사를 모집하여 춘추 공을 구하러 가겠나이다. 허락하여 주시옵소서."

"용사를 얼마나 모으려 하는가?"

"3천이면 충분하옵니다. 그리고 떠나기 전에 신이 춘추 공을 구하러 간다는 소문을 서라벌에 파다하게 퍼뜨릴 것이옵니다."

*객관 : 외국 사신이나 다른 곳에서 온 벼슬아치를 대접하고 묵게 하던 숙소.

"어찌하여?"

"고구려에 우리 신라 간자(첩자)가 들어가 있듯이 신라에도 고구려 간자가 들어와 있사옵니다. 고구려 간자가 이 소문을 들으면 분명 고구려 왕에게 알릴 것이옵니다. 고구려 국내 정세가 어지러우니 고구려 왕이나 연개소문 모두 지금 전쟁을 치르기를 바라지는 않을 것이옵니다. 또한 사신은 가두지도 죽이지도 않는 것이 나라 사이의 법도이니, 신이 출정한다는 보고를 받으면 고구려 왕은 분명 춘추 공을 풀어 줄 것이옵니다."

여왕이 부드럽게 웃었다.

"좋은 생각이오. 싸움은 군사력으로 이기기도 하지만 때로는 책략으로 이기기도 하는 법이지."

토끼와 거북이 이야기

그 무렵 객관에 억류되어 있던 김춘추는 어떻게 하면 신라로 돌아갈 수 있을까, 궁리를 하다가 문득 자신에게 호의를 보였던 고구려의 대신 '선도해'를 떠올렸다. 선도해는 고구려 왕이 아끼는 신하로, 오랫동안 조정에서 일해 온 세력 있는 *원로대신이

*원로대신 : 나이가 많고 덕망이 높은 벼슬아치를 이르던 말.

었다.

김춘추는 훈신에게 말했다.

"객관 시종에게 뇌물을 주고, 대매현에서 선물로 받은 푸른 베 3백 보를 선도해에게 보내라고 하게. 어쩌면 선도해에게 도움을 받을 수 있을지도 모르겠군."

"그리하겠습니다. 어쩐지 푸른 베 3백 보가 좋은 인연을 만들어 줄 듯하옵니다."

훈신은 곧 객관 시종을 시켜 선도해에게 은밀히 푸른 베 3백 보를 보냈다.

선물을 받은 선도해는 어느 날 밤, 술상을 준비하여 객관으로 김춘추를 찾아왔다. 술상을 앞에 놓고 두 사람은 이런저런 이야기를 나누었다.

이윽고 김춘추가 탄식하듯 말했다.

"오랫동안 내 나라를 떠나 있었더니 집안 식구들이며 서라벌이 몹시 그립습니다. 새처럼 날개가 있다면 훨훨 날아서 신라로 돌아가련만……."

김춘추는 에둘러서 어떻게 하면 신라로 돌아갈 수 있을지 그 방법을 물었다. 선도해가 김춘추를 잠시 바라보더니 빙긋

웃었다.

"내가 공에게 재미있는 이야기를 하나 하겠소. 혹시 토끼의 간 이야기 들어 보셨소?"

김춘추가 고개를 저었다.

"아직 듣지 못했습니다."

"허면 잘 들어 보시오. 재미있는 이야기이니……. 동해 바다 용왕의 딸이 큰 병이 들었는데, 의원이 말하기를 토끼의 간만이 그 병을 고칠 수 있다고 하지 뭐겠소. 토끼는 산속에 사는 동물인데 깊은 바다 속에서 어찌 토끼의 간을 구할 수 있으리오. 그러자 용왕의 충성스러운 신하 거북이가 뭍으로 나가 토끼를 잡아 오겠다고 나섰소. 거북이는 용궁을 나와 산속으로 가서 토끼 한 마리를 만났소. 거북이는 온갖 *감언이설로 용궁을 구경시켜 주겠다면서 토끼를 꾀었소. 토끼는 혹해서 거북이 등에 올라탔소. 이윽고 등에 토끼를 태우고 바다 한가운데까지 헤엄쳐 간 거북이는 토끼에게 사실은 네 간이 필요해서 널 용궁에 데려가는 것이라고 실토를 했지."

"그래서 토끼는 결국 죽었습니까?"

"하하, 토끼가 죽었다면 재미있는 이야기가 되겠소? 거북이

*감언이설: 귀가 솔깃하도록 남의 비위를 맞추거나 이로운 조건을 내세워 꾀는 말.

의 말을 들은 토끼는 눈앞이 캄캄했지만 이내 꾀를 냈지. 그래서 자신은 오장을 꺼내 씻어서 다시 집어넣을 수 있는 신통한 재주가 있는데, 마침 지난번에 간과 심장을 꺼내 씻어서 바위 틈에 말려 놓고 왔다고 둘러댔소. 거북이는 처음에는 믿지 않았지만 토끼 말이 사실일 경우 용궁에 데려가 보았자 헛일이 아니겠소? 게다가 토끼는 자신이 보다시피 간을 빼놓고도 이렇게 살 수 있으니, 같이 돌아가기만 하면 바위틈에 말려 놓은 간을 주겠다고 거북이를 살살 구슬렀지요. 결국 거북이는 토끼를 태운 채 뭍으로 되돌아갔는데, 토끼는 뭍에 내리자마자 거북이를 비웃으며 달아나 버렸다고 하오."

김춘추는 선도해가 들려준 이야기를 잠시 생각해 보더니 빙그레 웃었다.

"정말 재미있는 이야기군요."

그날 밤 선도해가 돌아간 뒤에 김춘추는 고구려 왕에게 보내는 글을 썼다. 신라로 돌아가기만 하면 임금의 허락을 얻어 마목현과 죽령 땅을 반드시 돌려주겠다는 내용의 글이었다.

다음 날 아침 김춘추는 객관 관리에게 그 글을 고구려 왕에게 올려 달라고 부탁했다.

고구려 왕은 김춘추가 올린 글을 연개소문에게 보여 주며 의논했다. 마침 김유신이 출정했다는 간자의 보고가 들어왔다. 사신을 언제까지나 잡아 두는 것도 모양새가 좋지 않았다. 더는 김춘추를 붙잡아 둘 명분이 없고, 사신을 없앨 만한 구실도 없었다. 게다가 신라 조정의 실력자인 김춘추가 땅을 돌려주겠다고 약속하니 그것만으로도 고구려로서는 큰 이득이었다.

"신라 사신을 그만 돌려보내는 것이 좋겠소. 더 붙잡아 두었다가는 두 나라 사이에 문제만 시끄러워질 터이니."

왕의 말에 연개소문도 고개를 끄덕였다.

마침내 고구려 왕은 김춘추를 풀어 주고 극진히 대접하여 신라로 돌아가게 했다. 고구려 관리가 국경까지 나와 김춘추와 훈신을 직접 배웅했다. 국경에서 김춘추는 고구려로 돌아가는 관리에게 말했다.

"평양성으로 돌아가면 고구려 왕에게 꼭 전해 주시오. 전날 올린 글은 다만 신라로 돌아가기 위한 방편이었을 뿐이라고. 그렇게 말씀드리면 다 알아들으실 것이오."

이야기 속의 토끼가 거짓말로 위기를 벗어났듯이 김춘추 또한 거짓 약속으로 위험한 적국에서 벗어난 것이다.

김춘추는 국경을 넘자마자 그곳에서 기다리고 있던 김유신과 3천 명의 용사들을 만나, 무사히 서라벌로 돌아왔다.

여왕은 돌아온 김춘추를 보고 크게 기뻐했다. 새삼 김유신이 믿음직스러웠고, 나라를 위해 적지에도 과감히 들어가는 조카 춘추 또한 대견했다. 대신들 모두가 김유신과 김춘추 같은 마음가짐이면 아무리 큰 어려움이 닥쳐도 신라를 능히 잘 지켜 나갈 수 있을 것 같았다.

그러나 기대를 걸었던 고구려와의 군사 동맹은 성사시키지 못했다. 이제 신라가 의지할 곳은 당나라뿐이었다.

약한 나라의 슬픔

대야성을 빼앗긴 이듬해 가을에 여왕은 당나라에 도움을 청하러 사신을 보내는 문제를 두고 대신들과 의논했다.

김춘추가 먼저 의견을 내놓았다.

"이제 우리 신라를 도와줄 수 있는 나라는 당나라뿐이옵니다. 우리 힘으로는 도저히 고구려와 백제를 막을 수 없으니 당나라의 군사를 빌려야 합니다. 당에 사신을 보내 우리의 어려

운 처지를 알리고 군사를 청하셔야 하옵니다."

비담 등 구 대신들이 반대하고 나섰다.

"청한다고 순순히 군사를 내어 줄 당나라가 아니옵니다. 우리가 군사를 청하면 그것을 빌미로 우리에게 더 많은 것을 요구할 것이옵니다. 군사를 청하더라도 우리가 더 힘을 기른 다음에 청해야 할 것이옵니다."

"우리가 힘을 기른다면서 머뭇거리는 동안에 백제와 고구려가 우리를 집어삼키고 말 것이옵니다. 비록 당나라의 군사를 얻는 일이 힘들다 하나 끊임없이 떨어지는 낙숫물이 바위를 뚫는 법이옵니다. 지금부터라도 계속 사신을 보내 당나라를 설득해야 하옵니다. 당나라는 오래전부터 고구려와 계속 전쟁을 하고 있는데, 고구려를 이기려면 우리 신라의 힘이 꼭 필요하다는 것을 설득하여야 하옵니다. 그래야만 당나라와 군사 동맹을 성사시킬 수 있을 것이옵니다."

당나라의 군사를 얻는 일이 결코 쉬운 일이 아님을 여왕은 잘 알고 있었다. 그러나 춘추의 말도 일리는 있었다. 신라와 군사 동맹을 맺는 일이 당나라에 이롭다는 판단이 서면 오히려 당나라에서 먼저 군사 동맹을 제의할 수도 있는 일이었다. 문제는 그때가 언제냐, 하는 점이었다.

여왕은 아직은 때가 아니라고 판단했지만, 그렇다고 해서 언제까지나 백제에게 당하면서 지낼 수는 없었다. 결국 여왕은 김춘추의 의견을 받아들여 당나라에 도움을 청하는 사신을 보냈다.

사신이 당 태종을 만나 도움을 청하자, 당 태종이 대답했다.

"너희 나라는 부인을 임금으로 삼았기 때문에, 이웃 나라들이 너희를 업신여기고 자주 쳐들어와 평안한 날이 없다. 내가 *종친 한 사람을 너희 나라에 보내 줄 터이니, 그를 임금으로 삼는 것은 어떻겠느냐? 그러나 그 종친이 홀로 왕 노릇을 할 수는 없는 것이니, 마땅히 군사를 보내 호위하게 하다가 너희 나라가 안정되기를 기다려 너희에게 맡겨 스스로 지키게 할 것이다. 어떠한가, 이 대책을 따르겠는가?"

사신은 아무 대답도 못하고 그냥 돌아왔다.

사신이 돌아와 전하는 당 태종의 대답을 듣고는 여왕은 지그시 입술을 깨물었다.

'당나라의 오만은 여전하군. 이런 수모를 당하는 것도 우리 신라가 힘이 없는 약한 나라이기 때문이다. 비담을 위시한 구

*종친 : 임금의 친족.

대신들의 생각이 옳았어. 우리가 좀 더 강해진 다음에 군사를 청해야 당에서도 더 이상 우릴 무시하지 못할 게야. 힘을 길러야 해, 힘을.'

강한 신라를 꿈꾸며

구층탑에 어린 염원

대야성을 빼앗긴 이듬해 봄, 서기 643년 정월(신라 역법으로 봄은 정월부터 삼월까지다) 여왕은 신라의 특산물과 함께 사신을 당에 보냈다. 당나라 임금에게 보내는 국서도 함께 보냈다. 당나라에 유학 가 있는 자장의 귀국을 청하는 국서였다.

자장은 진골 집안 자제로 출가하기 전 이름은 선종이었다. 선종은 심지가 곧고 슬기로워 소년 시절 화랑으로 이름을 떨쳤으며, 나라를 위해 크게 일할 재목감으로 손꼽혔다. 그러나 부모가 일찍 세상을 떠나자 선종은 시끄러운 속세가 싫다면서 처자식을 버리고 집과 재산을 모두 절에 바쳤다. 그런 다음 출가하여 깊은 산속에 들어가 숨어 살면서 고행을 하고 *계를 닦았다. 자장의 수행은 차츰 사람들에게 널리 알려져 많은 사람들이 자장의 설법을 들으러 왔고, 제자가 되겠다며 찾아오는 젊은이도 많았다.

자장의 나이 마흔다섯 살 되던 해에 마침 나라의 재상 자리가 비었다. 여러 대신들이 자장을 추천했다. 여왕 또한 자장의 뛰어난 학문과 곧은 성품을 아깝게 여긴 터라, 높은 벼슬을 내리면서 자장을 불렀다. 그러나 아무리 여러 번 사람을 보내도 자장은 대궐로 오지 않았다. 여왕은 노여워하며 자장을 잡아 오게 했다.

"법사가 계를 닦고 불법을 깊이 탐구하는 것도 좋은 일이지만 그 이전에 법사는 신라 백성이다. 어찌 감히 임금이 부르는데 오지 않는 것인가?"

"폐하, 신은 이미 속세를 버렸사옵니다. 마음이 이미 속세를 떠났는데 어찌 억지로 나라를 위해 일할 수 있겠습니까?"

"임금의 명을 받들지 않으면 법사의 목숨을 바쳐야 할 것이다.

* 계 : 불교에서 쓰는 말로, 죄를 짓지 않고 선을 일으키도록 수행하는 것.

그래도 좋은가?"

"하루를 살아도 계를 지키며 살고 싶은 것이 소승의 소망이옵니다. 계를 깨트리고 백 년을 산다 한들 그것이 무슨 의미가 있겠사옵니까?"

여왕의 서릿발 같은 명령 앞에서도 자장의 마음은 흔들림이 없었다. 여왕은 하는 수 없이 자장에 대한 마음을 접었다.

"마음이 시키지 않는 일을 어찌 억지로 하리! 돌아가 불도에 전념하도록 하라."

그러다 2년 뒤에 여왕은 자장 법사를 당나라로 유학 보내 주었다. 그 무렵, 당나라 임금은 다른 나라 인재들이 당에 유학 오는 것을 장려하고 있었다. 여왕 또한 신라가 발전하려면 많은 인재들이 큰 나라에 가서 여러 가지를 배워 와야 한다고 생각하고 있었다. 그래서 인재를 뽑아 유학을 보내면서 자장과 그의 제자 몇 명도 함께 보내 주었던 것이다.

그것이 7년 전 일이었는데, 그사이에 자장은 이미 당나라 임금도 알아주는 고승이 되어 있었다.

지난해 백제에 40여 개 성을 빼앗기고 대야성마저 빼앗긴 뒤로 여왕도 대신들도 백성들까지도 모두 의기소침해 있었다. 이

힘겨운 시절을 헤쳐 나가려면 자장 같은 고승의 도움이 절대적으로 필요했다. 그래서 당 태종에게 자장의 귀국을 청하는 국서를 보냈던 것이다.

삼월이 되자 마침내 자장이 신라로 돌아왔다. 자장은 당나라 임금이 내린 많은 예물과 대장경을 비롯한 여러 불교 관련 물품들을 가지고 돌아왔다. 자장은 곧 궁궐로 들어와 여왕을 만났다.

여왕은 자장과 마주 앉아 차를 마셨다. 자장과 이런저런 이야기를 나눈 뒤에 여왕이 물었다.

"법사는 지금 우리 신라가 얼마나 큰 어려움에 처해 있는지 이미 들었을 거요. 이 어려움을 어떻게 이겨내야 할지, 법사의 생각을 말해 보오."

"폐하께서도 알고 계시겠지만 답은 간단하옵니다. 안으로 불사를 크게 일으켜 왕실의 권위를 높이면서 백성들을 한마음으로 뭉치게 하고, 밖으로는 당나라의 군사를 빌려 침략해 오는 적들을 막아야 하옵니다."

"남의 나라 군사를 빌리기가 쉬운 일이오? 더구나 큰 나라의 군사를……."

"당나라와 군사 동맹을 맺으려면 우리가 먼저 그만큼의 것을 주어야지요. 세상에 거저 얻을 수 있는 것은 없사옵니다. 더도 덜도 아니고 꼭 주는 만큼 받는 것이 세상 이치이옵니다. 나라와 나라 사이에는 더욱 그렇지요."

"당나라에 무얼 더 주어야 한단 말인가?"

"당나라는 신라가 독자적인 연호를 쓰는 것을 달가워하지 않습니다. 연호는 당나라만 쓸 수 있고, 주변 나라들은 당연히 당나라의 연호를 써야 한다고 생각하고 있지요. 신라가 당나라의 연호를 쓰고, 관리들의 옷을 당나라 관복으로 바꾸면 당나라도 신라의 진심을 믿고 확실하게 우방이 되어 줄 것입니다."

"꼭 그렇게까지 해야 하는가?"

여왕의 목소리가 까칠했다. 법흥왕 때부터 써 온 독자적인 연호를 포기하기도 싫고, 내 나라 관리들에게 당나라 관복을 입히는 일은 더욱 마뜩지 않았다.

"폐하, 나라의 존망이 걸린 일이옵니다. 당나라 연호를 쓰고 당나라 관복을 입는다고 해서 신라가 당나라가 되는 것은 아니옵니다. 그냥 관복만 바꾸어 입는 것일 뿐, 백성들이야 그대로 신라 옷을 입는데, 걱정할 것이 무엇이겠습니까?"

"……."

여왕은 잠시 침묵했다. 자장의 말마따나 당나라 옷을 입어도 신라 사람은 어디까지나 신라 사람일 터였다. 허나 제 나라 옷을 벗고 당나라 관복을 입은 관리들을 백성들이 어찌 볼지 그것도 마음에 쓰였다. 자장이 여왕을 설득하듯 다시 간곡히 말했다.

"폐하, 신라가 발전하려면 당나라의 선진 문물을 받아들여야 하고, 백제와 고구려의 침략을 물리치고 이 땅에 평화를 정착시키려면 당나라의 군사력이 반드시 필요하옵니다."

"짐도 그렇게 생각은 하고 있소. 허나 당나라 연호를 쓰고 당나라 관복을 입는 일은 조정 대신들과 의논해 천천히 결정할 일이오. 언젠가, 꼭 그리하지 않으면 안 될 때에 마지막 방책으로 쓸 것이오. 그리고 그 전에 우리 신라는 지금보다는 훨씬 강해져야 하오. 당나라의 힘을 빌려 삼국을 통일한 뒤, 당나라가 어찌 나올지 알 수 없으니, 그 전에 그에 대한 대비를 해 두어야 한다는 것이지. 무턱대고 군사를 빌어 고구려와 백제를 치는 것만이 능사가 아니라는 얘기요."

여왕은 잠시 숨을 고른 다음 다시 말을 이었다.

"헌데 불사 말이오. 어떤 불사를 일으켜야 할지, 생각해 둔 것이 있소?"

"폐하, 소승 당나라에서 돌아오면서 내내 황룡사를 생각하였사옵니다."

신라에서 가장 큰 절인 황룡사는 진흥왕 때 짓기 시작하여 지난 90년 동안 줄곧 지은 절이었다. 이제 절은 완공했고, 다만 탑을 짓는 일만 남아 있었다. 자장이 계속 말했다.

"황룡사는 오랜 세월 동안 공들여 지은 사찰이온데, 아직 탑을 세우지 못하였사옵니다. 이제라도 탑을 세워 사찰을 완성하시면 부처님의 가호가 온 나라 안에 퍼질 것이옵니다. 폐하, 황룡사에 구층 목탑을 세우시옵소서."

"구층 목탑이라……. 왜 하필 구층이어야 하오?"

"신라 변방의 적국들 즉, 언제라도 신라를 침략할 수 있는 나라들을 손꼽아 보았습니다. 백제와 고구려, 그리고 당나라와 왜, 이 네 나라 외에 오월, 탐라, 말갈, 거란, 여진, 이 다섯 나라도 안심할 수만은 없는 적들이옵니다. 이 아홉 나라를 상징하는 구층탑을 세워 부처님의 가호로 적국의 침해를 막고자 하옵니다."

"허나 구층이나 되는 목탑을 세우려면 많은 백성들을 부역에 동원해야 하고 비용 또한 만만치 않을 게야. 차라리 그 비용과 백성들로 군사를 더 늘리고 훈련을 더 시킨다면 그편이 낫지 않을까?"

"폐하, 어찌 눈에 보이는 힘만이 힘이라 하오리까? 탑을 지으면서 백성들이 한마음 한뜻으로 뭉치고, 적국들의 침략에서 반드시 내 나라를 지켜야겠다는 각오가 단단해진다면, 이는 당장에 군사를 기르는 것보다 뒷날 훨씬 큰 힘이 될 것이옵니다. 또한 탑은 오래오래 살아남아 후세의 사람들의 신심을 북돋우고, 위로가 될 것 이며, 이런 거대한 탑을 세우는 나라의 국력이

만만치 않음을 알아 이웃나라 또한 감히 신라를 넘보지 못할 것이옵니다."

자장의 말은 다 일리가 있었다. 탑을 짓는 비용은 어차피 왕실과 진골 대신들에게서 거두어야 할 것이고, 백성들은 부역이건 군사 훈련이건 힘들기는 마찬가지일 터였다.

여왕은 고개를 끄덕이고는 자장에게 내리려던 명을 마침내 꺼냈다.

"우리 신라에 불교가 들어온 지 오래되었으나, 지키고 받드는 규범이나 의례가 아직 미비하오. 짐이 이제 칙령을 내려 법사를 *대국통에 임명할 것이니, 황룡사 탑을 세우는 일이며 승단의 기강과 질서를 바로잡는 일을 모두 맡아 해 주기 바라오."

자장이 머리를 깊숙이 조아렸다.

"폐하의 명, 신명을 다 바쳐 받들겠사옵니다."

그로부터 2년이 지난 선덕 여왕 14년인 서기 645년 삼월, 마침내 황룡사 구층탑이 완공되었다. 자장의 건의를 받아들여 탑을 짓기 시작한 지 2년 만에 225척(80여 미터) 높이의 거대한 구층탑이 세워진 것이다.

탑에는 임금과 신하 그리고 신라의 모든 백성들이 한마음이

*대국통(大國統) : 신라 최고의 승직.

되고, 그 하나된 마음으로 신라로 쳐들어오려는 모든 적들을 막아 내게 해 달라는 간절한 염원이 담겨 있었다. 탑의 9층은 백제, 고구려, 당, 왜, 탐라, 말갈, 여진, 오월, 거란 등 아홉 나라를 뜻했다.

구층탑 *낙성식 날 여왕은 대신들과 함께 낙성식에 참석했다. 낙성식 행사가 끝나고 여왕은 대신들과 함께 탑을 돌며 간절히 기원했다.

탑돌이

탑돌이는 부처님의 사리를 모신 탑을 돌면서 부처님을 생각하고, 믿음을 굳건히 하는 것을 말한다. 이 행사는 불교가 처음 일어난 인도에서 시작되었다. 인도에서 가장 존경을 표시하는 인사법은 그 사람의 주위를 오른쪽으로 홀수 번 도는 것이다. 이는 그 사람 주위를 떠나지 않고 늘 호위하며 따르겠다는 뜻을 담고 있는데, 절을 하는 것보다 더 큰 존경을 표시하는 방법이었다.

부처님을 경배하고 믿음을 굳건히 하기 위해 시작된 탑돌이는 우리나라로 들어와 절에서 큰 제를 올릴 때 치르는 행사로 발전했다. 승려들이 탑을 돌면서 부처님의 공덕을 노래하면 사람들은 무리를 지어 따라 돌면서 수행을 하곤 했다.

이러한 행사가 사람들 사이에 퍼지면서, 정월 대보름이나 사월 초파일 같은 큰 행사가 있는 날 사람들은 절에 와서 탑을 돌면서 나라의 평안을 기원하고 각자 개인적인 소원을 빌곤 하였다.

*낙성식 : 건축물의 완공을 축하하는 의식.

'부디 신라를 굽어 살피셔서 우리 신라가 강한 나라가 되게 해 주소서. 더 이상 이웃 나라의 침략에 시달리지 않고, 남정네들이 전장에 나가느라 식구들과 눈물로 이별하는 일도 없이 평화롭게 농사지으며 살 수 있는 그런 나라가 되도록 부디 우리 신라를 굽어 살피소서.'

탑돌이를 마치고 여왕은 하늘을 찌를 듯이 서 있는 거대한 탑을 쳐다보았다. 문득 어디선가 간절한 기원에 대한 답이 들리는 것 같았다.

'임금과 신하와 백성이 한마음으로 뭉쳤으니, 신라가 강한 나라가 되는 그날이 어찌 오지 않으리. 언젠가 반드시 신라 백성들은 전쟁 없는 평화로운 세상에서 살게 되리라……'

여왕은 입가에 엷은 웃음을 띠며 한참 동안 탑을 올려다보았다.

명장 김유신

자장이 귀국하여 황룡사를 짓자고 건의한 그해는 여왕 즉위 12년이 되는 해였다. 쉰이 넘어 즉위한 여왕은 그해에 이미 환갑을 훌쩍 넘긴 할머니였고, 건강도 좋지 않았다. 나라를 다스리는 일에 늘 마음 쓰다 보니 흰머리도 늘고 이마의 주름살도 깊어졌다. 한번 병이 나면 아무리 침을 맞고 탕약을 달여 먹어도 쉽사리 병이 낫지 않아 오래 고생을 하곤 했다.

즉위한 이래 여러 차례 백제와 고구려의 침공에 시달렸지만, 그동안 농사가 크게 잘못된 해는 없었다. 백성들이 굶주리지 않고 그럭저럭 살았다는 것이 그나마 다행이었다. 백제나 고구려의 침략만 없다면 한층 부지런히 농사지어서 전보다 풍족하게 살 수 있는 착실한 백성들이었다.

'내 착한 백성들이 마음 놓고 생업에 종사하면서 살 수 있도록, 이웃 나라들이 넘볼 수 없는 강한 나라를 만드는 일, 그것이 임금인 내가 해야 할 일이겠지…….'

여왕은 자신에게 왕위를 물려주면서 좋은 임금이 되라고 했던 아버지 진평왕의 분부를 떠올리면서 그렇게 마음을 다잡곤 했다.

즉위 13년 봄에 당나라에 사신을 보내 나라의 특산물을 바쳤다. 가을이 되자 김춘추는 다시 어전 회의에서 당나라에 군사를 청하는 사신을 보내자고 청했다.

"폐하, 당나라에 사신을 보내 군사 동맹을 청해야 하옵니다. 당나라는 우리 신라가 독자적인 연호를 쓰고 있는 것을 마땅치 않아 하옵니다. 하오니, 자장 법사의 건의대로 우리도 백제나 고구려처럼 당나라 연호를 쓰고, 관리들의 옷도 당나라 옷으로 바꾸어 입어 우리가 당나라의 *우방국임을 확실하게 보여 주시옵소서. 또한 신라와 군사 동맹을 맺는 일이 당에도 이익이 되는 일임을 잘 설득하면 당은 반드시 우리에게 군사를 내어 줄 것이옵니다."

"폐하, 그는 아니 될 말입니다. 법흥 대왕 때부터 써 온 우리 신라의 연호를 어찌 내동댕이칠 것이며, 신라의 관리가 어찌 당나라 관복을 입는단 말입니까? 이는 *천부당만부당한 일이옵니다. 통촉하시옵소서."

비담 측 구 대신들이 얼른 반대하고 나섰다. 김춘추 측과 비담 측 대신들 사이에 날카로운 설전이 오갔다. 양측의 주장을 다 듣고 나서 여왕이 말했다.

*우방국 : 서로 사이 좋은 관계를 맺고 있는 나라.
*천부당만부당 : 어림없이 사리에 맞지 아니함.

"우리 신라에 당의 도움이 절실하게 필요한 것은 사실이오. 허나 씨앗을 뿌릴 때가 있고 거둘 때가 따로 있는 것처럼 세상 모든 일에는 알맞은 때가 있소. 아직은 당나라에 군사를 청할 때가 아니라는 것이 짐의 생각이오. 당나라가 우리 신라의 힘을 필요로 할 때가 분명 올 것이오. 우린 힘을 기르면서 그때까지 기다려야 할 것이오."

며칠 뒤 여왕은 압량주 군주인 김유신에게 관등 3위의 소판 벼슬을 내리고 대장군으로 삼은 다음, 출정 명령을 내렸다.

"짐은 대장군 유신에게 명한다. 대장군은 만 명의 군사를 이끌고 서쪽 변경으로 가 백제를 공격하라. 하여 대야성을 빼앗겨 막혀 버린 황산강 물길을 다시 열라. 황산강은 우리 신라에는 핏줄 같은 강, 이번에 반드시 백제를 이겨 막혔던 물길을 열어야 할 것이로다."

김유신은 기병과 보병 1만 명을 거느리고 전장으로 떠났다. 김유신 장군의 부대는 넉 달 동안 백제군과 치열하게 싸운 끝에 가혜성(경남 거창군)을 위시하여 성열성, 동화성 등 일곱 개 성을 빼앗았고, 그로 인해 가혜 나루를 얻어 마침내 황산강 물길을 다시 열었다.

이듬해 정월, 김유신의 부대는 서라벌로 돌아왔다. 그동안 수도 없이 백제에게 공격당하기만 하던 신라였다.

그래서 김유신 장군의 승전이 주는 감동은 컸다. 백성들은 들뜨고 흥분하여 김유신 장군을 맞았다. 하지만 그 흥분과 들뜸도 잠시였다.

김유신 장군이 전장에서 돌아와 미처 여왕을 찾아가 뵙기도 전에 서쪽 국경을 지키는 장수가 보낸 전령이 서라벌에 들이닥쳤다.

"폐하, 백제의 대군이 매리포성을 공격하고 있사옵니다."

매리포성은 김유신 장군이 막 물길을 연 황산강 상류에 있는 성이었다. 서쪽 변경 일곱 개 성을 빼앗긴 백제가 대대적인 반격에 나선 것이다.

여왕은 다시 김유신 장군에게 출정하라는 명을 내렸다. 장군은 어명을 받자 곧 말에 올라 집안 식구들도 만나지 않고 병사들과 함께 전장으로 향했다. 서라벌 백성들이 탄식하고 눈물을 감추면서 김유신 장군을 전송했다.

김유신 장군은 다시 매리포성으로 달려가 백제군과 싸워 크게 이겼다.

두 달 뒤 삼월, 김유신 장군의 부대가 다시 서라벌로 막 돌아왔을 때였다. 이번에는 백제가 서쪽 국경 지대에 출동해 주둔하면서 곧 신라로 쳐들어올 준비를 하고 있다는 다급한 보고가 날아들었다.

여왕이 김유신에게 다시 분부를 내렸다.

"대장군은 수고를 아끼지 말고 어서 서쪽 국경으로 달려가, 백제군이 쳐들어오기 전에 대비하도록 하오."

김유신은 두 달 전 정월처럼 또다시 집에도 들르지 못하고 군사를 조련하고 무기를 수선하여 서쪽 국경을 향해 행군했다.

김유신의 식구들은 그 소식을 듣고 모두 집 앞에 나와 기다리고 있었다. 김유신은 집 앞을 지나치면서 애타게 바라보고 있는 식구들 쪽으로는 눈길도 한 번 주지 않았다. 식구들은 김유신 장군의 깊은 뜻을 헤아리고는 먼발치에서 마음으로 장군을 전송했다.

이윽고 집에서 50걸음쯤 떨어진 곳에서 김유신은 문득 말을 멈추고는 옆에 있는 병사에게 일렀다.

"내가 목이 마르니, 우리 집에 가서 우물물을 떠 오너라."

병사가 달려가 우물물을 떠 왔다. 김유신은 그 물을 다 마시고 나서 말했다.

"우리 집 우물물은 옛날 맛 그대로구나."

그러자 그 광경을 지켜본 병사들이 입을 모아 말했다.

"대장군께서 이러하신데, 우리들이 어찌 식구들과 이별하는 것을 한스럽게 여길 것인가."

병사들은 모두 각오를 새로이 하며 전장으로 향했다. 김유신 장군의 부대는 그 길로 쉬지 않고 행군하여 국경에 닿았다. 백제군은 신라군의 사기가 하늘을 찌를 듯이 높은 것을 보고는 감히 쳐들어오지 못하고 도로 물러갔다.

이윽고 김유신 장군의 부대가 다시 서라벌로 돌아오자 여왕은 크게 기뻐하며 김유신 장군과 병사들에게 큰 상을 내렸다.

여전히 건강은 좋지 않았지만 여왕은 한결 기운이 났다. 김유신 장군과 병사들이 지난 몇 달처럼 계속 잘 싸워 준다면 언젠가는 빼앗긴 대야성도 되찾을 수 있을 것 같았다.

'신라가 어서어서 힘을 길러 이웃 나라의 침략에 시달리지 않는 강한 나라가 되면 얼마나 좋을꼬. 그리만 된다면 더 이상 바랄 것이 없을 터인데…….'

비담, 상대등이 되다

황룡사를 완공한 서기 645년 5월에 당나라에서 사신이 왔다.

"우리 황제 폐하께서 곧 고구려를 치실 것이니 신라에서도 군사를 보내라고 하셨습니다."

당나라와 언젠가는 군사 동맹을 맺어야 하는 신라로서는 당나라의 청에 따르지 않을 수 없었다. 여왕은 김유신 장군에게 군사 3만 명을 주어 고구려 남쪽 국경선 쪽에서 대치하게 했다. 고구려는 북쪽 안시성에서 당나라군과 싸우느라 남쪽의 신라군과는 충돌이 없었다.

신라로서는 천만다행한 일이었다. 하지만 그 틈에 백제 의자왕이 신라 서쪽 변경의 7개 성을 공격하여 점령해 버렸다. 안시성 전투에서 고구려에게 패배한 당 태종의 군대가 수도 장안으로 돌아가자 김유신 장군의 부대도 서라벌로 돌아왔다.

여왕은 답답했다.

'우리 힘으로 백제와 고구려의 침공을 물리치고 싶은데, 아직 힘이 모자라는구나. 백제에 다시 성을 빼앗기고 말았으니. 결국 당나라의 힘을 빌리는 것 말고는 방법이 없는 것일까.'

여왕은 결국 당나라의 힘을 빌려야 한다는 결론을 내리고 다시 곰곰이 생각에 잠겼다.

'그 큰 당나라가 고구려에 패했으니, 당나라로서도 이제 우리 신라를 다시 보게 될지도 모르겠구나. 만약 우리가 지금이라도 고구려와 손을 잡는다면 당나라로서는 고구려와 싸우기가 더 힘들어질 테니, 결국 당나라 황제도 우리 신라와 군사 동맹을 맺는 것이 당나라에 이롭다는 계산을 하게 될 게야. 당나라가 그 사실을 깨달을 때까지 좀 더 기다리는 거다.'

가을이 되자 김춘추는 당나라에 군사를 청하는 사신을 보내자고 여왕에게 다시 주청했다. 자장의 건의대로 당나라 연호를 쓰고 당나라 관복을 입자는 의견도 다시 꺼냈다. 비담 등 구 대신이 여전히 반대하고 나섰다.

그 문제에 대해 생각해 둔 바가 있는 여왕은 일단 비담 등 구 대신들의 의견을 받아들였다.

"당나라에 군사를 청하는 사신을 보내는 일이며, 당나라 연호를 쓰고 당나라의 관복을 입는 일은 당장에 시행하기는 어려운 일. 시간을 두고 충분히 토론하여 여러 대신들의 의견이 하나로 모이면 그때 다시 생각해 볼 것이오."

11월에 여왕은 비담을 상대등으로 임명했다. 상대등은 국정을 책임지는 최고 자리였다. 상대등은 임금에게 후계자가 없을 때는 모든 대신들의 추대를 받아 임금 자리에도 오를 수 있었다. 구 대신들 중 최고 원로이며 실력자인 비담이 상대등이 되는 것은 당연한 순서였다.

여왕은 비담이 모든 대신들을 통솔하는 최고의 지위에 올랐으니, 앞으로는 춘추를 앞세운 신세력과도 힘을 합쳐 나랏일을 잘 이끌어 주기를 바랐다.

여왕 14년 겨울은 그렇게 저물어 가고 있었다.

도리천으로 간 여왕

비담의 반란

여왕 15년 가을이 깊어 가고 있었다. 여왕의 병도 가을만큼이나 깊었다. 여왕은 자주 자리에 누웠고, 어전 회의 때도 가까스로 참석하는 때가 많았다. 몸이 많이 편치 않을 때는 대신들을 내전으로 불러 나랏일에 대한 보고를 들었다.

여왕은 이제 자신의 삶이 얼마 남지 않았음을 깨달았다. 그동안 임금의 본분을 잊지 않고 좋은 임금이 되려고 열심히 노력하면서 살아왔으니 이제 세상을 떠난다고 해도 아쉬울 것은 없었다. 부처님 앞에서 늘 마음을 맑게 닦으려고 노력했으니, 죽은 다음에는 원하던 대로 도리천에 갈 수 있을 것도 같았다.

도리천은 살아생전에 마음을 잘 닦은 사람이 다시 태어난다는 하늘이었다. 사람이 갈 수 있는 최고의 하늘인 도리천에서 다시 태어난 사람은 반은 부처가 된 것이나 마찬가지라고 하였다. 그래서 도리천에서부터 걸어서 여러 하늘을 거치면 부처님 나라에 이른다고 하였다.

여왕은 가끔 주위 사람들에게 유언처럼 말하곤 하였다.

"내가 죽거든 도리천에 묻어 다오."

"도리천은 죽은 사람이 다시 태어난다는 하늘인데, 우리 신라 땅에 도리천이 있사옵니까?"

"있고말고. 그러니 나를 도리천에 묻어 달라는 것이 아니냐."

"허면 도리천이 대체 어디에 있사옵니까?"

"서라벌 낭산 남쪽이니라."

사람들은 낭산 남쪽이 왜 도리천이냐고 캐묻고 싶었지만, 언젠가는 알게 될 날이 있겠지 싶어서 잠자코 여왕의 말을 듣기만 했다.

어쨌거나 여왕은 도리천으로 떠나기 전에 마지막으로 해야 할 일이 있었다. 후계자를 정하는 일이었다. 여왕이 혼인하여 태자나 공주를 두었다면 별문제가 없는 일이었다. 하지만 여왕은 혼인하지 않았고 *후사가 없었다. 지금 여왕의 후계자가 될 수 있는 자격을 가진 사람은 왕궁에 하나 남은 성골인 사촌 동생 승만뿐이었다.

　승만은 아버지 진평왕의 친동생인 국반 갈문왕의 딸로, 여왕처럼 혼인하지 않고 여태 홀로 궁궐에서 지내고 있었다. 승만도 벌써 예순이 넘은 할머니였다. 승만은 춘추를 아꼈고, 신라가 살길은 당나라와 적극적으로 외교하는 길뿐이라는 춘추의 의견에 찬성하고 있었다.

　여왕이 승만을 후계자로 발표하고 세상을 떠난다면, 나라의 외교 정책은 지금까지와는 많이 달라질 터였다. 자장의 건의대로 결국 당나라의 연호를 쓰고 당나라의 관복을 입으면서 당나라에 적극적으로 군사를 청하는 사신을 보내게 될 것이다.

　반대로 여왕이 후계자를 정하지 않고 세상을 떠나면 대신들은 분명 상대등 비담을 임금으로 추대할 것이다. 비담이 왕이 되면 지금까지 그래 왔던 것처럼 신라의 독자적인 연호를 쓰고 신라 옷을 입으면서 백제와 고구려에 맞서 힘겹게 싸우게 될 것

*후사 : 대를 잇는 자식.

이다.

결국 후계자를 정하는 것은 어떤 정책을 선택하느냐 하는 문제이기도 했다. 그 정책에 따라 신라의 장래는 분명 달라질 터였다. 단순하게 후계자를 결정하는 문제가 아니라, 신라의 명운을 결정하는 문제였다.

올해도 춘추는 당나라에 군사 동맹을 청하는 사신을 보내자고 주청했다. 안시성에서 고구려에 패한 당나라였다. 신라와 동맹을 맺지 않고 당나라가 혼자 힘으로 고구려를 치기가 어렵다는 사실을 당나라도 이번에 확실히 깨달았을 터였다. 그러니 이번에 사신을 보내면 성과가 있을 거라고 춘추는 주장했다.

비담 측은 여전히 당나라 연호를 쓰는 일이며 당나라 관복을 입는 일에 대해 반대했고, 군사 동맹을 위한 사신을 보내는 일도 반대했다.

'춘추의 의견이 옳긴 해. 그러나 아직은 때가 아니야. 당나라가 우리 신라의 가치를 더 확실하게 깨달을 때, 바로 그때 사신을 보내 군사 동맹을 청해야 한다.'

여왕은 일단 상대등 비담 측 의견을 받아들여 사신을 보내지 않았다. 다만 *왜국에 정권이 바뀐지라, 춘추를 왜국에 보내 주

*왜 : 일본을 가리키는 말.

었다. 왜는 전통적으로 백제와 친했다. 그런 왜의 정권에 변동이 생겼으니, 이참에 신라가 왜와 외교를 하여 백제를 고립시켜야 한다는 것이 춘추의 생각이었다.

춘추는 신라가 살아 나갈 길은 외교에 있다고 생각하는 것 같았다. 냉정하게 생각하면 춘추의 생각이 옳았다. 아직 작고 약한 신라가 살아 나갈 길은 그뿐이었다.

알면서도 여왕은 우리의 연호를 지키면서 우리 힘으로 삼국을 통일해야 한다는 비담 측 의견에 마음이 쏠렸다. 그래서 당나라에 도움을 청하는 사신을 보냈다가 수모만 당하고 돌아온 이후로는 해마다 정월에 외교적인 선물이나 특산물만 보냈을 뿐, 가을에 수시로 보내는 사신은 한 번도 보내지 않았다.

그러나 그렇게 자신의 힘으로 버티는 것도 이제 한계에 다다랐음을 여왕은 깨닫고 있었다.

'내가 임금으로서 해야 할 일은 다한 듯하구나. 이제 다음 일은 다음 사람들에게 맡기고 조용히 떠나야지…….'

며칠 뒤 첫서리가 내린 날, 여왕은 어전에서 승만을 다음 임금으로 정한다고 발표했다. 김춘추는 아직 왜에서 돌아오지 않았지만, 김유신을 위시한 춘추 측 대신들은 여왕의 결정을 당연하게 받아들였다.

　반면 춘추 측 정책을 반대해 온 비담 측 구 대신들은 충격을 받은 듯했다.

　여왕은 부디 이 결정이 최선이었음을 구 대신 측이 납득해 주었으면 싶었다.

　'누군들 제 힘으로 제 나라를 지키고 싶지 않으리. 허나 춘추의 정책이 우리 신라로서는 최선이다. 부디 그대들도 춘추와 힘을 합쳐 내가 세상을 떠난 뒤에도 신라를 위해 많은 일을 해 주기 바라노라.'

　여왕은 마음으로 그렇게 간절히 바랐다.

　한 해가 저물어 가는 어느 날, 여왕이 몸이 좋지 않아 자리에 누워 있을 때 김유신이 문안을 드리러 왔다. 여왕은 자리에서 일어나 김유신의 문안을 받은 다음, 넌지시 물어보았다.

　"상대등과 구 대신들의 동향이 어떠하오?"

　"폐하, 저들은 승만 공주를 후계자로 정하신 일에 불만이 많은 듯하옵니다. 드러내 놓고 말하지는 않고 있지만 아무래도 분위기가 심상치 않사옵니다."

　"장군이 궁궐을 더 철저히 지키도록 하오. 아무 일 없기를 바

라지만, 경계하고 미리 대비해서 나쁠 것 없지 않겠소."

"분부 받들겠사옵니다, 폐하."

그리고 나서 채 며칠도 지나지 않아 여왕은 상대등 비담과 그를 따르는 대아찬 염종 등 구 대신들이 반란을 일으켰다는 보고를 들었다.

이미 어느 정도 예상한 일이라 여왕은 담담하게 그 소식을 받아들였다. 구 대신들의 반란은 새로운 시대를 열기 위한 진통이라는 생각이 들었다. 비가 온 뒤에 땅이 굳는 것처럼, 그 반란을 평정하고 승만이 왕위에 오르면 승만은 춘추와 유신과 더불어 신라를 위한 새 정책을 과감하게 펼칠 수 있을 터였다.

'언젠가 신라는 반드시 내가 바라던 강한 나라가 될 것이다. 어떤 나라의 침략도 받지 않고 백성들이 부지런히 농사짓고 자식을 잘 기르며 평화롭게 사는 나라, 신라는 꼭 그런 나라가 될 것이다. 신라가 강하고 평화로운 나라가 되도록 나는 내가 할 수 있는 최선을 다했다. 어쩌면 그것이 이 어렵고 힘든 시기에 내가 임금이 된 이유이기도 할 것이다.'

반란을 평정하고

해가 바뀌고 여왕 16년이 밝았다. 반란의 와중에, 병석에 누운 채 여왕은 새해를 맞았다.

비담 측 반란군은 명활산성에 진을 치고 궁궐을 공격했다. 김유신 장군이 월성에 진을 치고 반란군과 싸웠다. 명활산성은 도성 서라벌을 방어하기 위한 외성(外城)으로 궁궐인 월성과 십 리밖에 떨어지지 않은 곳에 있었다.

반군 측은 민심을 얻기 위해 자신들의 대의명분을 백성들에게 알리려 애썼다.

"폐위된 진지왕의 손자 김춘추는 김유신과 손을 잡고 나랏일을 제멋대로 하려 한다. 김춘추는 대야성에서 죽은 딸의 원한을 갚고 싶은 욕심으로 무리하게 당나라의 힘을 빌어 백제를 치려 한다. 다음 왕위 후계자인 승만 공주 또한 춘추의 정책을 무조건 지지하고 있으니 이 어찌 통탄할 일이 아닌가. 승만 공주와 춘추는 당나라의 군사를 빌리기 위해 오랫동안 써 온 우리 신라의 연호를 버리고 당나라의 연호를 쓸 것이며, 관리들에게 당나라 관복을 입게 할 것이다. 그렇게 하여 군사를 얻어 와 백제와 고구려를 치고 삼국을 통일한다 한들 음흉한 당나라가 이

땅에서 물러가지 않고 마지막에 신라까지 집어삼키려 한다면 그때는 또 어찌할 것인가. 우리는 그런 일이 일어나도록 내버려 둘 수가 없어서 이렇게 거사를 일으켰다."

게다가 새 여왕 또한 나이 들고 건강도 좋지 못했다. 만약 새 여왕이 후사가 없이 세상을 떠나면 결국 조정의 실력자로 떠오른 춘추가 여러 대신들의 추대를 받아 그다음 임금이 되는 것은 불을 보듯 뻔한 일이었다. 춘추의 정책도 싫어하고, 춘추 또한 싫어하는 구 대신들은 이런저런 이유에서 반란을 일으킨 것이다.

반란군의 대의명분이 백성들 사이에 퍼지자, 김유신은 부하를 시켜 다른 소문을 퍼뜨리게 했다.

"상대등 비담은 불경스럽게도 폐하가 여왕이어서 나라를 잘못 다스렸다고 말하면서 권력을 잡고 싶은 욕심에 반란을 일으켰다. 비담이 폐하를 모욕한 것은 당나라 황제가 폐하를 모욕한 것보다 더 나쁘다. 어찌 신하가 감히 임금을 폐위하려 할 수 있단 말이냐!"

비담 측이 내건 명분에 솔깃했던 백성들도 그 소문을 듣고 모두 분개하며 여왕 편으로 돌아섰다.

김유신의 군사와 비담의 군사들은 열흘 동안 공방전을 벌였으나 양측의 군세가 비슷하여 좀처럼 결말이 나지 않았다.

열흘째 되는 날, 깊은 밤 자정 무렵에 큰 별 하나가 월성으로 떨어졌다. 그것을 본 비담이 병사들에게 큰 소리로 말했다.

"내가 듣건대 별이 떨어진 자리에는 반드시 피가 흐른다고 하니, 이는 반드시 김유신의 군대가 패망할 조짐이다."

비담의 자신에 찬 말을 듣고 병사들이 환호했고, 그 소리가 땅을 뒤흔들었다.

깊은 밤에도 잠을 이루지 못하던 여왕은 그 소리를 듣고 시녀를 시켜 무슨 영문인지 알아오라 일렀다. 조금 뒤 김유신이 급히 달려와 자초지종을 설명했다.

잠자코 듣고만 있던 여왕의 얼굴에 언뜻 그늘이 내렸다. 김유신은 여왕이 근심하는 것이라 생각하고는 얼른 자신 있게 말했다.

"폐하, 길함과 흉함은 정해진 것이 아니고 오로지 사람이 하기에 달린 것이옵니다. 예로부터 요망함이 덕을 이긴 적이 없었으니, 별자리의 변괴 따위는 두려워할 바가 못 되옵니다. 아무 심려 마시옵소서."

여왕은 김유신이 싸움에서 질까 봐 염려한 것은 아니었다. 승만을 후계자로 발표했을 때부터 여왕은 하늘의 뜻이 춘추와 유신에게 있음을 알았다. 여왕이 잠시 숙연해졌던 것은 자신이 곧 세상을 떠날 것임을 깨달았기 때문이었다.

'아직 춘추가 왜에서 돌아오지 않았는데, 벌써 때가 되었구나…….'

여왕은 신라의 장래를 맡길 춘추를 못 보고 가는 것이 아쉬울 뿐, 죽음에 대해서는 기꺼이 받아들일 준비가 되어 있었다.

"장군이 있는데 짐이 무엇을 두려워하겠소."

여왕이 해쓱한 얼굴로 부드럽게 웃었다.

김유신은 다시 진영으로 돌아가 병사를 시켜 커다란 허수아비를 만들게 했다. 그러고는 그 허수아비에 불을 붙인 다음 연에 실어 밤하늘로 날려 보냈다. 불타는 허수아비가 연에 실려 하늘로 올라가는 모양은 마치 별이 하늘로 올라가는 듯하였다.

다음 날, 김유신은 부하들을 거리로 내보내 소문을 내게 하였다.

"지난 밤 떨어졌던 별이 도로 하늘로 올라갔다. 궁궐에는 아무 일도 없다."

반란군들이 그 소문을 듣고 고개를 갸웃거리며 의아하게 생각하였다. 간밤에 하늘을 찌를 듯 드높았던 기세도 의심 속에서 조금씩 수그러들었다.

그런 다음 김유신은 흰말을 잡아 별이 떨어진 곳에서 제사를 올리고는 축문을 지어 하늘에 기원하였다.

"양이 굳세고 음이 유약한 것은 하늘의 도리요, 임금이 존귀하고 신하가 비천한 것은 사람의 도리입니다. 하늘과 사람의 도리가 뒤바뀐다면 세상은 어지럽고 혼란에 빠질 것입니다. 지금 비담의 무리는 신하로서 감히 임금을 핍박하고 아랫사람으로서 윗사람을 능멸하고 있으니, 이는 이른바 *난신적자라, 사람과 귀신이 함께 미워할 바요, 하늘과 땅이 용납하지 못할 일이옵니다. 그런데 이제 하늘이 마치 난신적자를 도와주기라도 하는 것처럼 별의 괴변을 *왕성에 나타내 보이시니, 이야말로 어찌 하늘의 도리에 어긋나는 일이 아니겠사옵니까? 바라옵건대 하늘의 위엄으로써 선한 이에게 복을 내리시고 악한 이에게 벌을 내리시어, 천도의 올바름을 보여 주옵소서."

김유신의 간절한 축원의 말을 듣고 모든 병사들은 그제야 마음속에 드리워졌던 두려움을 떨쳐 버릴 수 있었다.

바로 그날 저녁 여왕이 *승하하자, 김유신은 슬픔 속에서도

*난신적자 : 나라를 어지럽히는 충성스럽지 못한 무리.
*왕성 : 왕이 있는 성.
*승하 : 임금이나 존귀한 사람이 세상을 떠남을 높여 이르는 말.

더욱 꿋꿋하게 병사들을 독려했다.

"못된 무리의 반란 중에 폐하께서 승하하셨으니, 이런 *황망한 일이 또 어디 있겠느냐? 이제 우리 모두 떨치고 일어나 폐하께서 도리천으로 편히 가시도록 반역의 무리를 처단하자!"

김유신의 독려에 장군과 병사들은 크게 떨치고 일어나 명활산성의 반란군을 맹렬하게 공격했다.

며칠 동안의 전투 끝에 비담군의 전세가 크게 기울었고, 마침내 명활산성이 무너졌다. 비담을 위시한 주동자들이 성을 버리고 달아나기 시작했다. 김유신과 병사들은 끝까지 쫓아가 반역의 무리를 모두 사로잡았다.

이어 정월 17일, 비담과 그 무리를 모두 저잣거리에서 목 베어 처형했는데, 모두 30명에 이르렀다.

낭산에 묻히다

여왕의 병세가 위독해진 것은 유성이 월성에 떨어진 그 다음 날 저녁이었다. 어의의 급한 전갈을 받고 승만과 김유신 그리고 여러 대신들이 내전에 모였다. 여왕은 승만을 보며 마지막

*황망 : 마음이 몹시 급하여 당황하고 허둥지둥함.

말을 남겼다.

"나는 내 할 일을 다하고 이제 도리천으로 돌아간다. 내 뒤를 이어 임금이 되면 부디 어머니가 자식을 사랑하듯 백성들을 사랑하여야 할 것이다. 또한 백성들을 배불리 먹이는 일을 가장 먼저 생각할 것이며, 여러 충성스러운 신하들과 힘을 합쳐 내 백성들이 발 뻗고 편히 잘 수 있도록 나라를 잘 지키고 간수해야 할 것이니라."

"명심하겠사옵니다, 폐하."

여왕은 희미하게 웃더니 가만히 눈을 감았다. 여왕 16년 정월 8일의 일이었다.

여왕의 뒤를 이어 승만이 왕위에 올랐다. 신라의 두 번째 여왕인 진덕 여왕이었다. 진덕 여왕은 평소 유언대로 여왕을 낭산 남쪽에 장사 지내고 시호를 '선덕'이라 했다.

쉰이 넘은 나이로 왕위에 올랐던 신라 첫 여왕인 선덕 여왕은 어머니처럼 백성을 사랑했고, 남다른 지혜로 뛰어난 인재들을 발탁하여 나라를 다스렸다.

첨성대를 지어 천문관측을 하여, 백성들이 농사를 잘 지을 수 있도록 보살폈다. 또한 분황사와 황룡사 구층탑과 많은 절을 지어 백성들의 마음을 하나로 모으려 노력했다. 그렇게 삼국 통일을 위한 기초를 다져 놓고 여왕은 재위 16년 만에 어머니의 품 같은 흙으로 돌아갔다.

여왕이 세상을 떠난 이후로 26년이 흘러갔다. 때는 신라 문무왕 14년인 서기 674년이었다.

그해에 당나라는 50만 대군을 일으켜 신라를 공격하려 하였다. 신라가 그들의 *계림 도독부를 공격한다는 핑계였지만, 사실은 백제와 고구려에 이어 신라까지 멸망시켜 삼국을 모두 삼키려는 속셈이었다.

문무왕은 당나라군과 싸울 준비를 하는 한편, 명랑 법사에게 적을 막을 계책을 구했다. 명랑 법사는 신성한 땅인 낭산 기슭에 큰 절을 지어 부처의 힘을 빌리는 것이 좋겠다고 했다.

그러나 미처 절을 짓기도 전에 당나라 군대가 신라를 향해 출발했다는 보고가 들어왔다. 명랑 법사는 임시로 낭산 남쪽 기슭에 채색 비단으로 장막을 친 다음, 승려 12명과 함께 밀교의 비법을 행했다. 사악한 기운을 물리쳐 준다는 비법이었다. 그 비법 덕분인지, 바다 한가운데서 풍랑이 크게 일어나 신라로 오던 당나라 배가 모두 가라앉고 말았다. 신라로서는 전투도

*계림 도독부 : 나당 연합군이 백제를 멸망시킨 뒤, 당나라가 신라를 차지하려고 세운 기관.

사천왕사 터 현재 경주시 배반동에 사천왕사의 절터가 남아 있다.

하기 전에 적을 물리친 셈이 되었다.

그때부터 낭산 남쪽 기슭에 절을 짓기 시작하여 5년 만인 679년에 절을 완공하고 사천왕사라 하였다. 선덕 여왕의 능 아래에 사천왕사가 들어선 것이다. 비로소 사람들은 선덕 여왕이 낭산 남쪽을 왜 도리천이라고 했는지, 그 까닭을 알게 되었다.

불교에서는 수미산이 세상의 중심이다. 수미산 꼭대기에는 도리천이 있고, 그 아래는 사천왕이 도리천을 지키고 있다. 낭산 기슭 사천왕사의 사천왕이 선덕 여왕의 능 아래에서 지키고 있으니, 여왕이 묻힌 그곳이 바로 도리천인 셈이었다.

도리천에 묻어 달라는 수수께끼와 같은 여왕의 한마디는 여왕이 세상을 떠난 지 31년 만에 비로소 풀렸으니 여왕의 빛나는 지혜와 예지력이 그와 같았다.

뛰어난 지혜와 예지력으로 여왕은 김유신과 김춘추를 등용하고 진덕 여왕을 후계자로 정함으로써 삼국 통일로 가는 다리를 놓았다. 때론 지혜는 칼보다 훨씬 강한 힘을 가졌음을, 우리나라 첫 번째 여왕인 선덕 여왕은 몸소 보여 주었던 것이다.

그 뒤의 이야기

다시 찾은 대야성

진덕 여왕은 즉위하자마자 이찬 알천을 상대등에 임명하고, 선덕 여왕보다 더 적극적으로 김춘추와 김유신을 지원해 주었다. 비담의 반란을 진압한 김유신과 왜국에서 돌아온 김춘추는 이제 신라 조정에서 가장 막강한 실력자가 되었다.

진덕 여왕 원년 겨울에 백제군이 무산(전북 무주군 무풍면), 감물(경북 김천시 개령면), 동잠(충북 충주시) 등 세 개의 성을 침공했다. 새 여왕은 김유신에게 기병과 보병 1만 명을 주어 방어하게 하였고, 김유신의 부대는 세 개의 성을 차례로 구하고 백제군을 크게 무찔렀다.

　진덕 여왕 2년 삼월에 백제 장군 의직이 신라의 서쪽 변경을 침입하여 요거성(경북 상주시) 등 10여 개 성을 함락시켰다. 또다시 김유신의 부대가 요거성으로 달려가 의직과 싸워 대승을 거두었다.

　전선에서 돌아온 김유신은 압량주로 갔다. 6년 전 대야성을 빼앗긴 이후, 압량주 군주가 된 김유신은 전쟁에서 싸우지 않을 때는 압량주와 서라벌을 오가며 *정무를 보곤 했다. 이번에 김유신은 압량주에 오래 머물렀다.

　그해 가을걷이가 끝나고 백성들의 일손이 한가해졌을 때 김유신이 서라벌로 돌아와 여왕에게 아뢰어 청했다.

　"신이 압량주에 머물면서 민심을 살펴보았는데, 기개와 정신이 살아 있어 능히 큰일을 벌일 만하였사옵니다. 청하옵건대 압량주 백성들과 더불어 백제를 쳐서 6년 전 대야성 전투의 패배를 설욕하고자 하옵니다. *윤허하여 주소서."

　"허나 우리 군사는 수가 적고 대야성의 백제군은 대군이오. 승산이 있겠소?"

*정무 : 정치나 국가 행정에 관계되는 일.
*윤허 : 임금이 신하의 청을 허락함.

"전쟁의 승패는 군대의 많고 적음에 달린 것이 아니라 병사들의 기개와 마음가짐에 달린 것이옵니다. 압량주 백성들은 신과 한마음으로 삶과 죽음을 함께할 수 있사오니, 백제의 대군 따위는 두렵지 않사옵니다."

비로소 여왕이 허락했다.

김유신은 압량주로 돌아가 백성들 중에서 군사를 뽑아 엄히 훈련시킨 다음 대야성으로 진군했다.

신라군이 대야성 밖에 이르자 백제 군사들이 이를 막으며 강하게 대항하였다. 신라군은 짐짓 이기지 못하는 체하고 후퇴하기 시작했다. 백제군이 이를 보고 자신감을 얻어 많은 군사를 내어 추격해 왔다.

이윽고 좁은 골짜기에 이르렀을 때 김유신은 복병을 내보내 백제군을 앞뒤에서 크게 공격하게 하였다.

대야성 전투에서 신라군은 큰 승리를 거두었다. 백제 비장 여덟 명을 사로잡았고, 죽이거나 사로잡은 병사도 1천 명에 이르렀다. 그러자 김유신은 성 안의 백제 장군에게 사람을 보내 다음과 같이 제안했다.

"지난날 대야성 성주였던 품석과 그 부인의 유골이 아직 너

희 나라 옥중에 묻혀 있고, 지금 너희 비장 여덟 명이 내게 잡혀 목숨을 구걸하고 있다. 여우나 표범 같은 짐승도 죽을 때는 고향이 그리워 머리를 제 살던 언덕으로 향한다고 하는데, 성주 품석 부처의 유골이나 너희 여덟 비장이나, 고향으로 돌아가고 싶은 심정은 마찬가지일 것이다. 하여 이제 너희가 죽은 두 사람의 유골을 돌려보내는 것으로, 비장 여덟 명의 목숨과 바꾸는 것이 어떻겠느냐?"

백제 장군이 의자왕에게 병사를 보내 김유신의 제안을 알렸다. 의자왕은 신하들을 모아 놓고 의논했다. 한 신하가 말했다.

"신라인들의 유골을 가지고 있어 보았자 그다지 이로울 것도 없으니, 돌려보내는 것이 좋겠습니다."

"비장 여덟 명을 살려서 보낸다는 약속을 믿을 수 있겠소?"

"만약 저들이 약속을 어기고 우리 비장 여덟 명을 돌려보내지 않는다면, 잘못은 저들에게 있고 우리에게는 아무 허물이 없으니 근심할 일이 무엇이겠습니까?"

마침내 의자왕이 품석 부처의 유골을 돌려보내라 명했다.

김유신은 나무 함에 담긴 품석 *부처의 유골을 받고는 비장 여덟 명을 돌려보냈다. 그리고 병사들에게 큰 소리로 말했다.

* 부처 : 부부를 뜻하는 말.

"대야성 성주와 그 부인의 유골이 돌아온 것은 결코 성주이거나 골품이 높아서가 아니다. 이름 없는 병사의 유골이라도 나라를 위해 죽었다면 나는 반드시 찾아왔을 것이다. 승하하신 선덕 대왕께서는 늘 말씀하셨다. 제 백성을 챙기지 않는 나라, 나라를 위해 목숨 바친 용사들을 기억하지 않는 나라는 결코 좋은 나라라고 할 수가 없다고. 폐하께서 그러하셨듯이 나 김유신 또한 나라를 위해 싸우다 죽은 병사들을 결코 잊지 않을 것이다."

병사들이 김유신의 말에 감동하며 함성을 질렀다. 품석 부처의 유골이 돌아온 것으로 병사들의 사기는 한껏 높아졌다.

김유신은 대야성을 다시 공격하여 마침내 대야성을 되찾았다. 또한 그 기세를 몰아 백제 땅으로 들어가 백제의 악성 등 열두 개 성을 함락시키고 수많은 백제 병사를 사로잡아 당당히 서라벌로 돌아왔다.

대야성을 되찾은 일은 신라와 김유신에게는 그 어떤 승리보다 값진 것이었다. 그 일을 계기로 신라는 이제 아무리 백제가 불시에 공격해 와도 충분히 방어할 수 있다는 자신감을 되찾았기 때문이다.

마침내 삼국을 통일하다

진덕 여왕 2년 겨울에 신라는 당나라에 사신을 보냈다. 당 태종이 연호에 대해서 묻자 사신은 주변의 다른 나라들처럼 신라도 곧 당나라 연호를 쓸 것이라고 대답했다. 태종이 흡족해하였다.

그 뒤로, 김춘추가 아들 문왕을 데리고 당나라로 갔다. 태종은 벼슬이 높은 관리를 교외까지 내보내 김춘추를 맞이하게 했다. 태종은 자신이 직접 군대를 이끌고 고구려를 치러 갔다가 크게 패한 이후, 당나라에도 역시 신라의 도움이 필요하다는 사실을 깨닫고 있었다.

태종은 김춘추를 극진히 대접했다. 김춘추는 서둘러 군사 동맹을 청하는 대신, 국학을 참관하고 싶다고 청했다. 국학은 나라의 인재들이 유학을 공부하는 곳이었다. 태종은 기꺼이 김춘추가 국학을 참관하고 둘러보는 것을 허락했다.

김춘추는 마치 당나라 국학을 시찰하러 온 사람처럼 행동했다. 서둘러 군사 동맹에 대한 말을 꺼내는 것보다는 당 태종이 먼저 그 말을 꺼내게 하는 것이 신라에 더 유리하다는 것을 김춘추는 잘 알고 있었다.

어느 날, 태종은 연회를 베풀면서 김춘추에게 물었다.

"공이 지금 가장 간절히 원하는 것이 무엇인가?"

그제야 비로소 김춘추는 군사 동맹에 관한 말을 꺼냈다.

"우리 신라는 여러 해 동안 백제의 침략을 받아 나라가 편안한 날이 하루도 없었사옵니다. 급기야 지난해에 백제는 대군을 일으켜 수십 개의 성을 빼앗고 대국에 입국할 길조차 막아 버렸습니다. 만약 폐하께서 우리 신라에 군사를 빌려 주어 저 흉악한 무리를 없애 주시지 않으면, 신라 백성들은 모두 백제 군사들에게 죽거나 사로잡히고, 신라 사신 또한 더 이상 당나라에 선물을 바치러 올 수 없을 것이옵니다."

내심 신라와 군사 동맹을 바라고 있던 태종은 선선히 고개를 끄덕이며 때가 되면 군사를 출정시켜 주겠다고 약속했다. 김춘추가 신라 관리들의 관복을 당나라 관복으로 바꾸겠다고 말하자 태종은 한층 흐뭇해하며 진귀한 의복을 김춘추와 그 수행원들에게 내려 주었다.

이윽고 김춘추가 신라로 돌아가려 하자 당 태종은 김춘추에게 높은 벼슬을 내리고 연회를 베풀어 극진히 대접했다. 김춘추는 아들 문왕을 당나라에 남겨 두고 돌아왔다. 두 나라 사이의 군사 동맹을 철저히 하기 위한 방책이었다. 그렇게 김춘추는 오랜 숙원이던 군사 동맹을 맺고 신라로 돌아왔다.

진덕 여왕 3년 정월에 처음으로 관리들이 당나라 옷을 입었다. 또한 1년 뒤에는 당나라 연호를 처음으로 사용하였다.

진덕 여왕 8년 삼월에 여왕이 후사 없이 세상을 떠났다. 대신들이 의논하여 상대등 알천을 임금으로 추대하려 하자 알천이 사양하며 말했다.

"나는 이미 늙었고, 이렇다 할 만한 덕을 쌓거나 공을 세운 것도 없소. 오늘날 덕망이 높고 나라에 공이 큰 인물은 춘추 공이 으뜸이니, 춘추 공이야말로 세상을 잘 다스려 백성을 구제할 영웅호걸이라 할 만하오."

그러자 김유신이 김춘추를 왕으로 추대했다. 다른 대신들도 모두 찬성했다. 김춘추는 세 번 사양하다가 마침내 왕위에 올랐다. 바로 태종 무열왕이었다.

서기 659년 가을, 태종 무열왕은 백제가 자주 변경을 침범하자 드디어 백제를 칠 때가 왔다고 생각하고 당나라에 군사를 청했다. 당나라에서는 이듬해 3월, 소정방이 이끄는 13만 군사를 출정시켰다.

그해 660년 7월, 태종 무열왕은 마침내 나당 연합군과 함께 백제를 멸망시켰다. 백제가 망한 그 이듬해 태종 무열왕은 세상을 떠났고, 맏아들 법민이 왕이 되었다. 신라의 제30대 임금인 문무왕이었다.

서기 668년 문무왕은 당나라와 힘을 합쳐 고구려를 멸망시키고 마침내 삼국을 통일했다. 그러자 당나라는 그동안 감추어 두었던 야욕을 드러냈다. 평양성 이남 땅을 신라에게 주기로 한 약속을 깨고, 고구려 땅을 모두 차지하려 들었다. 당나라는

문무왕 수중릉 문무왕의 유언에 따라, 유골은 경주 양북면 봉길리 앞바다에 안장되었다.

할 수만 있다면 신라까지 다 집어삼키고 싶었던 것이다.

신라는 삼국을 통일하기 위해 잠시 당나라의 힘을 빌렸을 뿐이었다. 당나라가 약속을 지키지 않는다면 더 이상 동맹국이라 할 수도 없었다.

문무왕은 당나라와 전쟁을 시작했고, 9년 동안의 긴 싸움 끝에 마침내 당나라군을 몰아내고 평양성 이남의 땅을 되찾았다. 선덕 여왕이 꿈꾸었던 삼국 통일이 이루어진 것이다.

문무왕의 삼국 통일 이후, 백성들은 선덕 여왕의 바람대로 오래 평화를 누리며 살았고, 또한 신라는 고려와 조선으로 이어지면서 오늘날의 우리 민족과 역사를 만들었다. 그것은 작은 나라 신라가 이룩해 낸 삼국 통일의 가장 값진 열매이기도 했다.

펼쳐라! 생각그물

선덕 여왕 자세히 알기 강한 신라를 만든 지혜로운 왕, 선덕 여왕의 강점은?

역사 지식 꼼꼼 보기 화랑 제도와 역사 속의 화랑

역사 지식 돋보기 신라 시대 여성의 지위는?

한 걸음 더 역사 따라가기 선덕 여왕의 자취를 따라가는 경주 여행

숨겨진 이야기 천기누설 선덕 여왕을 사랑한 지귀 이야기

선덕 여왕 자세히 알기

강한 신라를 만든 지혜로운 왕, 선덕 여왕의 강점은?

준비된 왕, 선덕 여왕

선덕 여왕이 삼국 통일의 주춧돌을 단단히 놓을 수 있었던 것은 무엇보다 인재를 알아보는 뛰어난 능력과 그 인재를 과감하게 등용한 결단력 덕분이라 할 수 있다.

인재를 알아보는 선덕 여왕의 뛰어난 능력은 타고난 총명함 때문이기도 하지만 한편으로는 아버지 진평왕의 오랜 통치를 지켜보면서 다음 왕이 될 준비를 충분히 했기 때문이기도 하다. 말하자면 선덕 여왕은 준비된 왕이었던 것이다.

삼국 중 가장 뒤처져 있던 신라가 영토를 넓히고 눈부시게 발전한 것은 진흥왕 때였다. 진흥왕이 정복 전쟁을 하여 한강 유역과 낙동강 유역을 차지함으로써 신라는 그 지역의 풍부한 물자와 백성들, 그리고 물길을 이용한 교역로를 열어 한 단계 높이 올라설 수 있었다.

그러나 그 결과 신라는 땅을 빼앗긴 고구려와 백제의 공동의 적이 되어 끊임없는 침략을 받아야 했다. 특히 백제는 한강 하류 지역을 신라에게 빼앗긴 데다가 그에 대한 복수를 하러 나섰던 성왕이 관산성 전투에서 사망하자, 신라와는 둘도 없는 원수 사이가 되고 말았다.

진평왕 재위 54년 동안 일어난 신라와 고구려, 또는 신라와 백제 사이의 전쟁을 살펴보면 모두 열두 번이다. 이중 세 번은 신라가 먼저 공격을 했고, 나머지 아홉 번은 침공을 받았다. 그중에 고구려가 신라를 침공한 일은 단 한 번이었고, 나머지 여덟 번은 모두 백제가 쳐들어온 것인데, 이 여덟 번 모두 백제 무왕 때의 일이었다.

한강이 가져다주는 물길과 평야는 곧 국력으로 이어졌다. 신라는 진흥왕 시절에 한강을 차지함으로써 눈부신 발전을 이루었다.

　선덕 여왕은 아버지 진평왕이 이웃 나라의 침공에 시달리면서도 꿋꿋하게 나라를 지켜 가는 모습을 보면서 백성을 어떻게 다스리고 정치는 어떻게 해야 하는지, 적국이 쳐들어왔을 때는 또 어떻게 대처해야 하는지 나름대로 배우고 익혔을 것이다. 거기에 여왕의 타고난 총명함과 지혜가 더해져 뒷날 임금이 되었을 때 김춘추와 김유신 같은 인재를 적극적으로 발탁하여 쓸 수 있었을 것이다.

강점 하나, 인재를 알아보는 뛰어난 능력

　사실 김유신이나 김춘추는 진골 신분이긴 하지만 나름대로 흠이 있었다. 김유신은 정통 진골에 비해 별로 대접을 받지 못하는 가야계 진골이었고, 김춘추는 폐위된 진지왕의 손자로, 역시 정통 진골 대신들이 그다지 환영하지 않는 인물이었다.
　그래서 강력한 왕권을 행사했던 진평왕도 정통 진골 대신들의 견제에 밀린 탓인지 김유신과 김춘추를 크게 등용하여 쓰지는 못했다. 《삼국사기》에서도 진평왕 재위 말기에 가서야 비로소 김유신과 김춘추의 아버지 김용춘이 활약한 사실

태종 무열왕릉비 태종 무열왕 김춘추는 진덕 여왕이 죽은 후 654년에 신라 최초로 진골 출신의 왕이 되었다. 신라 정치의 황금기를 이루었으며 백제를 멸망시켰다.

이 나올 뿐이다.

그러나 여왕이 즉위한 뒤에는 김유신과 김춘추가 《삼국사기》에 중요 인물로 등장한다. 여왕이 어려운 여건 속에서도 과감하게 김유신과 김춘추를 등용했기 때문이다. 여왕의 강점은 바로 이처럼 가문이나 혈통이 아닌, 개인의 능력을 더 중요하게 생각했던 합리적이고 민주적인 인사 정책에 있었다.

덕분에 신라는 선덕 여왕 시절, 진평왕 때보다 더한 백제의 침공에 시달리면서도 슬기롭게 나라를 지킬 수 있었다. 뿐만 아니라 명장 김유신의 전술과 명재상 김춘추의 뛰어난 외교로 마침내 삼국 통일을 이룩할 수 있었다.

강점 둘, 미래를 내다보는 안목과 결단력

여왕의 이러한 인사 정책은 자장의 경우에도 마찬가지였다. 여왕은 큰 벼슬을 내리면서 자장을 불렀지만 자장은 수행을 이유로 거부했다. 독재를 부리는 왕이었다면 그런 자장을 괘씸하게 생각하여 벌을 내리거나 다시는 등용하지 않았을 테지만, 여왕은 오히려 자장을 당나라에 유학까지 보내 주었다.

그리고 뒷날 당나라에서 돌아온 자장은 개인의 수행보다는 나라를 위해 더 많은 일을 하게 되었다. 신라의 큰 자랑거리였던 황룡사 구층 목탑도 자장의 건의로 지었다.

황룡사 구층 목탑뿐 아니라 여왕은 재위 시절에 영묘사, 통도사, 분황사 등 수많은 절을 지었다. 사실 그처럼 많은 절을 짓는 일은 엄청난 경비와 인력이 필요한 일이었지만 여왕은 결단력 있게 사찰 건립을 추진함으로써 왕실의 권위를 높였을 뿐만 아니라 불심으로 백성들의 마음을 하나로 뭉치게 했다. 그렇게 하나로 뭉친 백성들의 마음은 나라에 대한 자긍심과 사랑으로 열매를 맺어 뒷날 삼국 통일의 귀한 밑거름이 되었던 것이다.

김유신 동상

화랑 제도와 역사 속의 화랑

신라의 인재 양성소, 화랑도

《삼국사기》에 따르면 화랑 제도는 신라 진흥왕이 서기 576년에 만든 것으로 기록되어 있다. 진흥왕 때 나라가 크게 발전하자 어느 때보다 인재가 많이 필요하게 되었다. 이에 진흥왕은 나라에 필요한 인재를 교육하고 수련시키기 위해 화랑도를 조직했던 것이다.

화랑 조직은 각기 화랑 한 명과 승려 한 명, 그리고 수많은 낭도들로 이루어져 있다. 화랑은 진골 자제 중에서 성품이 곧고 인물이 잘생긴 15~18세의 소년을 뽑았으며, 화랑의 지휘를 받는 낭도들은 서라벌(경주) 여러 부락에 사는 청소년들로, 거의가 평민들이었다. 그리고 각 화랑 집단마다 학문이 높고 교양이 풍부한 승려가 한 사람씩 있어서, 그 승려가 화랑도들을 가르치고 수련시켰다.

이러한 화랑 집단은 한 시대에 몇 개의 단체가 있었고, 이들 집단을 모두 통솔하는 최고 화랑을 '풍월주'라 하여, 여러 화랑들 중에서 뽑았다. 김유신과 김춘추 등은 모두 청소년 시절에 화랑이었고, 풍월주를 맡았다.

화랑, 자연 속에서 몸과 정신을 바르게 닦다

화랑도는 일정 기간을 정해 놓고 수련 생활을 했는데, 이 수련 기간 동안 경주 남산을 비롯하여 멀리는 금강산이나 지리산 같은 빼어난 산을 순례하면서 국토와 국가에 대한 사랑을 기르고 몸과 마음을 닦았다.

이 화랑도 수련에서 빼놓을 수 없는 것이 노래와 춤이었는데, 화랑도는 노래와 춤으로 의기를 북돋우고 정신적, 정서적 일체감을 가지게 되었다.

명산 순례 및 노래와 춤에서 알 수 있듯이 화랑도의 수련은 놀이의 성격이 강했는데, 이 놀이는 화랑도의 인격 형성, 나아가 세계관 형성에 큰 역할을 했을 것으로 보인다.

통일 신라 초기의 역사가이며 정치가인 김대문이 그의 책 《화랑세기》에 '현명한 재상과 충성스러운 신하가 화랑도에서 나오고, 훌륭한 장수와 용감한 병졸들도 이로 말미암아 생겨났다.'라고 썼듯이, 화랑도가 길러 낸 인재는 일일이 꼽을 수 없을 만큼 많았다.

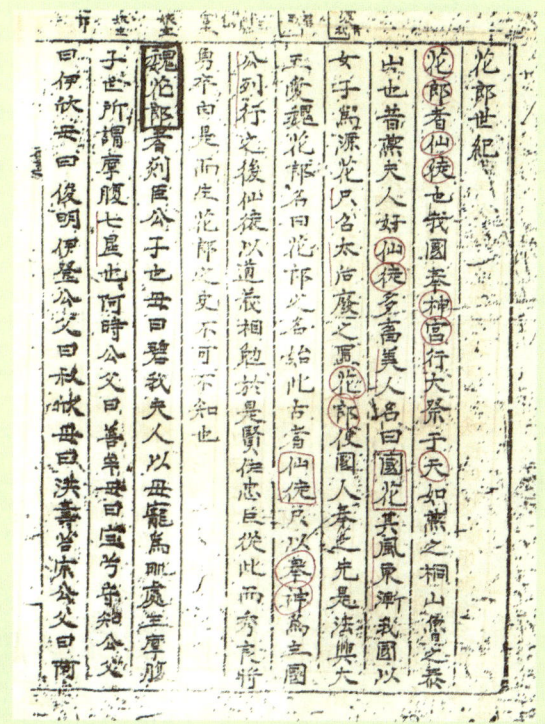

《화랑세기》

역사에 길이 남은 화랑, 관창과 사다함

진흥왕 때 화랑 제도가 만들어진 이래 신라가 망할 때까지 모두 2백여 명의 화랑이 나왔는데, 그들 중 대부분이 삼국 통일을 전후한 시기에 나왔고 활약도 그때 가장 많이 했다.

화랑도 중에 《삼국사기》 기록에 나오는 유명한 인물로는 먼저 관창을 들 수 있다. 관창은 품일 장군의 아들로, 열여섯 살의 어린 나이에 백제 정벌 전쟁에 참가

북한산 진흥왕 순수비 진흥왕은 화랑도를 조직하고 발전시켰다.

했다. 황산벌에서 신라군과 백제군이 대치하고 있을 때 관창은 용감하게 적진으로 말을 달려 들어갔다가 백제군에게 사로잡혔다. 백제의 계백 장군은 관창의 투구를 벗겨 보고는 관창이 아직 어린 소년인 것에 놀랐다. 계백은 관창이 나이도 어리고 또 홀로 적진에 뛰어든 용기를 가상히 여겨 신라군 진영으로 돌려보냈다. 그러나 관창은 싸움에 임해서는 물러서지 않는다는 화랑 정신에 따라 다시 적진으로 뛰어들었고 또다시 사로잡혔다. 계백 장군은 이번에는 할 수 없이 관창의 목을 베어 말에 실려 신라군 진영으로 돌려보냈다. 신라 병사들이 그 광경을 보고는 관창의 죽음을 헛되이 할 수 없다는 각오를 다지며 있는 힘을 다해 백제군과 싸웠고, 황산벌 전투에서 승리했다.

또 한 사람의 유명한 화랑으로는 사다함이 있다. 사다함은 내물왕 7대손으로 용모가 빼어나고 뜻이 높아서 사람들이 화랑으로 추대했다. 사다함을 따르는 무리는 무려 천 명에 이르렀다. 진흥왕이 이사부에게 명하여 가야를 공격하게 하자 사다함은 왕에게 전쟁에 나가겠다고 청했다. 진흥왕은 처음에 사다함이 나이가 어리다는 이유로 허락하지 않았으나 사다함이 간청하자 허락했다. 사다함은 그 싸움에서 큰 공을 세웠다. 진흥왕이 포로 3백 명을 상으로 내려 주었으나 사다함은 이들을 모두 풀어 주었고, 밭을 주겠다고 하자 알천의 쓸모없는 땅을 달라고 했을 뿐이다. 사다함은 일찍이 화랑인 무관랑과 생사를 함께하는 벗이 되기로 약속했는데, 무관랑이 병으로 죽자 슬퍼하다가 7일 만에 죽고 말았다. 그때 그의 나이 열일곱 살이었다.

이처럼 신라는 관창과 사다함 같은, 나라와 벗과 올바른 일을 위해 자신의 목숨까지도 바치는 수많은 화랑들이 원동력이 되어, 마침내 삼국을 통일할 수가 있었다.

신라 시대 여성의 지위는?

여성을 숭배한 삼국

　삼국 시대 여성의 지위는 조선 시대와는 달리 높은 편이었다. 고구려, 신라, 백제 초기부터 여성은 생명을 다스리는 어머니, 나라의 어머니로 섬김을 받았다고 전해진다.

　고구려의 시조 주몽의 어머니 유화 부인은 물의 신 하백의 딸이었는데, 생명을 맡아 다스리는 어머니로 숭배를 받았다. 백제를 세운 온조는 어머니 소서노가 세상을 떠나자 사당을 세워 소서노를 나라의 어머니로 숭상했다. 신라에서는 선도산 성모를 나라의 어머니로 섬겼다.

　전해 오는 설화에 따르면 선도산 성모는 중국 황실의 딸로 이름은 사소였다고 한다. 사소는 신선법을 배워 신라에 와서 선도산에 살았다. 그러다 사소는 선도산의 지신이 되어 신라를 지켰는데 신령스런 일이 수없이 일어났다고 한다. 사람들은 그런 사소를 나라의 성스러운 어머니로 받들고, 선도산 성모를 위해 극진히 제사를 지냈다.

　이처럼 삼국 시대 초기에는 모두 여성을 신으로 받들고 숭배했으나, 중국에서 유교가 들어오면서 달라졌다. 고구려나 백제의 경우, 여성을 숭배했다거나 여성이 사회에 진출하여 적극적으로 활동했다는 기록은 찾아보기 힘들다. 조선 시대처럼 여성이 억압받지는 않았지만, 유교의 영향으로 남성이 더 우대받는 사회가 된 것이다.

능동적이고 활발했던 신라 여성들

그러나 신라는 고구려나 백제와 달랐다. 신라는 동쪽에 치우쳐 중국 문물을 받아들이는 것이 삼국 중 가장 늦었고, 따라서 여성을 숭배하고 생명력이 넘치는 신라 고유의 전통을 지킬 수 있었다.

신라는 선도산 성모뿐 아니라, 박혁거세의 왕후인 알영 부인과 남해왕의 왕후 운제 부인도 여신으로 섬겼고, 박제상의 부인도 마찬가지로 섬겼다. 박제상은 왜국에 볼모로 가 있는 눌지왕의 동생을 구하고 왜국에서 장렬하게 죽은 충신인데, 그의 아내가 바다가 보이는 치술령 꼭대기에 서서 남편을 그리워하다 죽자, 사람들은 박제상의 부인을 치술령 신모로 섬겼던 것이다.

신라는 이처럼 여성을 숭배하고 섬겼을 뿐만 아니라 여성들의 사회 활동도 고구려나 백제에 비해 훨씬 능동적이고 활발했다. 남해왕의 누이 아로는 신라 시조의 제사를 직접 맡아 했던 제사장이었고, 그 전통은 진평왕 때까지 계속 이어졌다. 김유신이 사랑했던 천관녀가 바로 나라의 신전에 제사를 드리는 신녀였던 것이다.

높은 지위와 존중을 받은 여성들, 원화

여성을 숭배하고 여성들이 적극적으로 활동했던 신라 사회의 이러한 전통은 원화 제도에서도 확인할 수 있다. 원화 제도는 화랑 제도의 모태가 된 제도이다.

이 원화 제도가 만들어진 것은 진흥왕 때다. 진흥왕은 인재를 기르기 위해 청소년들이 한데 모여 공부하고 수련하며 놀이를 즐기는 조직을 만들었고, 그 단체의 단장으로 젊고 아름다운 여성 두 명을 뽑아 '원화'라 하였다. 이때 '남모'와 '준정'이라는 두 여성이 원화로 뽑혔는데, 그들은 3백 명에 이르는 무리를 이끌었다고 한다.

그런데 두 원화 중 남모가 더 아름다웠고 따르는 무리도 더 많았다. 일반 백성들도 준정보다 남모를 더 좋아하였다. 때문에 준정은 남모를 시기하였고, 어느 날 남모를 집으로 불러 친근하게 굴면서 술을 먹인 다음 남모를 물에 빠뜨려 죽이고

 말았다. 준정의 죄는 이내 드러나 준정은 처형되었고, 단체는 해산되었다.
 이 일을 계기로 원화 제도는 폐지되었지만, 이 원화 제도에서 신라 여성들이 무척 존중을 받았고, 남성 못지않게 높은 지위를 누렸다는 것을 알 수 있다.
 신라에서는 최초의 여왕인 선덕 여왕을 위시하여 진덕 여왕과 진성 여왕, 세 명의 여왕이 나올 수 있었던 이유도 이런 전통에 힘입어서다.
 삼국을 통일한 후 신라는 적극적으로 당나라 문물을 받아들였다. 그 결과 여성의 사회적인 활동은 통일 전에 비해 폭이 좁아졌지만, 여성을 존중하는 전통은 오래 살아 있었다. 그 전통은 고려 때까지 그대로 이어져 고려의 여성들도 신라의 여성과 마찬가지로 자유롭게 연애를 하고 부모의 재산도 똑같이 상속을 받았다. 이렇듯 삼국 통일 전 신라 시대 때 여성들은 활동의 폭과 지위에서 우리 역사상 가장 높은 지위를 누렸다.

한 걸음 더 역사 따라가기

선덕 여왕의 자취를 따라가는 경주 여행

현재 경주에는 선덕 여왕과 관련된 유적지가 많다. 선덕 여왕의 자취는 동양에서 가장 오래된 천문대로 알려진 첨성대에서부터 느낄 수 있다. 첨성대는 경주시 인왕동, 대릉원에서 계림으로 가는 길 중간에 있다.

첨성대

첨성대는 둥근 하늘을 상징하는 원형과 네모난 땅을 상징하는 사각형이 잘 조화되어 안정감이 있으면서도 아름다운 건축물이다.

첨성대

첨성대를 직접 보면서, 첨성대에 깃든 여러 가지 상징들을 함께 생각해 보자. 일 년을 상징하는 돌들이며, 27대 선덕 여왕을 상징하는 27개의 단을 직접 세어 보면, 그 옛날 첨성대를 만들었던 신라 장인들과 천문학자들의 마음을 한결 가깝게 느낄 수 있을 것이다.

첨성대를 지나고 계림을 지나 더 위로 올라가면 반월성 터가 나온다. 그 터를 걸어 보며 '그 옛날 선덕 여왕이 이곳을 거닐었겠구나.' 상상해 보면 선덕 여왕 또한 한결 가깝게 느낄 수 있을 것이다.

계림 월성 지대

분황사

　선덕 여왕 3년에 건립된 분황사는 경주시 구황동에 있으며 황룡사 터와 담장을 마주하고 있다. 원효 대사와 자장 법사 같은 높은 스님들이 거쳐 가기도 했던 분황사에는 그 유명한 솔거가 그린 벽화를 비롯해 수많은 국보급 유물이 있었는데, 몽고의 침략과 임진왜란 등으로 모두 사라졌고, 지금은 석탑만 남아 있다.

　안산암을 벽돌 모양으로 쌓은 석탑은 처음에는 7층 혹은 9층이었을 것으로 추측이 되는데, 임진왜란 때 절반 가량 파괴되었고, 그 뒤 더욱 파손되고 다시 수리를 하여 현재 3층만 남아 있다.

　분황사 석탑 기단 위에는 화강암으로 조각한 동물 한 마리씩을 네 모퉁이에 세워 놓았다. 왜구와 백제와 고구려, 당나라 등 적의 침입을 막아 주기를 기원하며 세워 놓은 두 마리 물개와 두 마리 사자를 찬찬히 살펴보면서 적국의 침략에 맞서 나라를 지키려 애썼던 신라인들의 마음을 생각해 보자.

국보 제30호 분황사 석탑

황룡사 터

분황사 바로 옆에는 널찍한 황룡사 터가 있는데, 황룡사가 지어진 유래는 다음과 같다.

서기 553년 진흥왕이 반월성 동쪽에 새 궁궐을 지으려 하였다. 그런데 그 자리에 황룡이 나타났다. 불심이 깊은 진흥왕은 이를 이상히 여겨 그 자리에 궁궐 대신 절을 짓게 했다. 그로부터 17년 뒤에 절의 본당 및 여러 건물과 주위 담장이 완성되었다. 다시 5년 뒤인 진흥왕 35년, 서기 574년에는 신라 최고의 불상인 금동장륙상이 완성되었다. 다시 선덕 여왕 12년에 여왕은 자장의 권유에 따라 구층 목탑을 짓기 시작하여 2년 뒤인 서기 645년에 완성했다. 황룡사는 이처럼 4대 왕(진흥왕, 진지왕, 진평왕, 선덕 여왕) 93년이라는 긴 세월에 걸쳐 완공된 대사찰이었다.

신라의 역대 왕들은 황룡사에서 나라의 안녕과 평안을 빌었고, 외국의 사신들도 자주 황룡사에 와서 불상과 구층탑에 참배하곤 했다.

황룡사 터

신라가 망한 뒤 고려에서도 황룡사와 황룡사 구층탑을 숭상하고 자랑스럽게 여겼다. 그러다 몽고의 침략으로 황룡사와 황룡사 구층탑은 불길 속에 사라져 터만 남았다. 솔거가 그렸다는 황룡사의 벽화도 불상도 불길 속에 사라져 버렸다. 황룡사의 범종은 몽고군이 감은사의 종과 함께 약탈해 가다가 바다에 빠뜨렸다고 하며 현재는 황룡사 터만 남아 있다.

다행히 황룡사 터에는 주춧돌이 그대로 남아 있어서, 건물과 탑 그리고 불상이 어느 곳에 있었는지,

선덕 여왕릉

그리고 절의 규모는 어느 정도였는지 짐작해 볼 수 있다. 실제로 1976년부터 7년에 걸쳐 발굴, 조사를 하여 황룡사가 동양 최대 규모의 절이었음을 밝혀냈다.
지금은 텅 비어 있는 황룡사 터를 둘러보며 지난날 화려했던 황룡사의 모습과 구층탑을 상상해 볼 수 있다. 구층탑을 지으면서 외적의 침입을 물리치고 신라를 크고 강한 나라로 만들고 싶어 했던 선덕 여왕의 마음도 상상이 간다.

선덕 여왕릉

이렇게 경주에서 선덕 여왕의 자취를 따라가다 보면 낭산에서 선덕 여왕의 능을 만나게 된다. 낭산은 경주시 보문동에 있는 나지막한 산으로, 그 꼭대기 소나무 숲 속에 선덕 여왕릉이 있다. 여왕의 능을 둘러보고 그곳이 도리천이라 했던 여왕의 예언을 생각해 보자. 그 아래에 있는 사천왕사 터도 둘러본다면 더욱 좋다.

선덕 여왕을 사랑한 지귀 이야기

《삼국사기》나 《삼국유사》 같은 역사책에는 나와 있지 않지만, 선덕 여왕에 관한 애틋한 이야기 하나가 오늘날까지 전해져 오고 있다. 선덕 여왕을 짝사랑했다는 '지귀'라는 젊은이에 대한 이야기이다.

신라 선덕 여왕 때 지귀라는 청년이 살았다. 지귀는 활리역에서 심부름을 하는 역졸이었는데, 어느 날 서라벌 거리로 나왔다가 여왕의 행차를 보게 되었다.

지귀는 여왕의 아름다운 모습을 보고 첫눈에 마음을 빼앗겨 여왕을 사모하게 되었다. 상사병에 걸린 지귀는 몇 날 며칠 동안 잠도 안 자고 먹는 일도 잊은 채 오로지 여왕만 생각하느라 나날이 초췌해졌다.

여왕이 그 소문을 듣고 지귀를 가엾게 여겨 영묘사 탑 아래서 만나 주기로 했다. 그런데 하필 여왕을 만나기로 한 시간에 지귀는 졸음이 쏟아져 탑에 기댄 채 잠이 들고 말았다.

이윽고 여왕이 지귀를 만나러 왔다. 여왕은 잠들어 있는 지귀를 보고는 손목에 차고 있던 금팔찌를 빼내 지귀의 가슴에 올려놓고 조용히 돌아갔다.

잠에서 깨어난 지귀는 금팔찌를 보고 여왕이 다녀갔음을 알았다. 하필 여왕이 온 시간에 잠들어 버린 데 대한 안타까움, 후회, 새삼스럽게 솟아나는 여왕에 대한 사모의 마음이 가슴속에서 불이 되어 타올랐다. 그 불은 지귀를 태우고 영묘사 목탑을 태웠다.

그렇게 불타 죽은 지귀는 불귀신이 되었다. 불귀신 지귀는 서라벌 곳곳을 돌

아다니며 여기저기 마구 불을 놓았다. 백성들은 그런 불귀신을 보고 무서워서 벌벌 떨었다.

　여왕이 그 소문을 듣고 시를 지었다.

> 지귀는 제 가슴속에서 타오른 불에
> 온몸이 타 버렸구나
> 지귀는 어서 바다 밖으로 멀리 나가서
> 보이지도 말고 가까이 오지도 마라

　선덕 여왕은 그 시를 백성들에게 나누어 주고 불이 나기 쉬운 곳에 붙여 놓으라고 했다. 그러자 거짓말처럼 불귀신이 잠잠해졌다. 비록 지귀가 불귀신이 되었지만 여왕에 대한 사랑은 변함이 없는지라, 여왕의 말을 잘 들었기 때문이다.

　인도 설화에 〈어부 술파가〉 이야기가 있다. 어부 술파가가 여왕을 짝사랑했는데, 여왕이 만나 주기로 한 날 천신의 조화로 잠이 들고 만다. 여왕은 잠든 술파가의 가슴에 목걸이를 놓고 돌아간다. 잠에서 깬 술파가는 가슴에서 불이 나 타 죽는다. 지귀의 이야기와 거의 같다.

　술파가 이야기는 선덕 여왕 시대에 이미 당나라에서 수입된 불교 책에 실려 있어서 많은 신라 사람들이 알고 있는 이야기였다. 아마도 그 이야기에다 선덕 여왕 시절 일어났던 영묘사 화재 사건이 합해져 지귀 설화가 만들어졌을 거라고 학자들은 추측하고 있다.

　어쨌거나 그 지귀 설화에서 우리는 역사책에서는 만나기 어려운 선덕 여왕의 다른 면을 만날 수 있다. 비록 쉰이 넘은 나이에 즉위했지만, 여왕이 젊은 지귀의 짝사랑을 받을 만큼 아름다웠다는 것, 일개 평민인 지귀의 괴로운 마음을 이해하고 만나 줄 만큼 여왕의 마음이 따뜻하고 넉넉했다는 점이다.

지귀 이야기

지귀 이야기는 통일 신라 후기에 지어진 《신라수이전》이라는 설화집에 실려 있던 이야기다. 고려 시대 박인량이 지었다고도 하는 이 설화집은 현재 전해지지 않으며, 다만 수이전에 실렸던 몇 편의 이야기들만이 《삼국유사》, 《대동운부군옥》, 《태평통제》 등의 책에 실려 있다.

이 중 《대동운부군옥》은 조선 시대 문인 권문해가 편찬한 책으로, 중국과 우리나라의 각종 책에서 중요한 이야기를 뽑아 운율에 따라 편찬한 책이다. 이 책에 바로 지귀 이야기가 실려 있는데, '심화요탑(가슴속 불이 탑을 태우다)'이라는 제목으로 지귀 이야기를 전하고 있다.

사진 제공
경주시청, 문화관광과
열린서당, 김남석